Tobias Licht · Stephan Mokry (Hg.)

Die Reformation – ein Bildungsgeschehen?

Ein Buch des Projekts

„2017: Neu hinsehen! Ein katholischer Blick auf Luther"
der Katholischen Erwachsenenbildung im Land Sachsen-Anhalt e.V.
und der Katholischen Akademie des Bistums Magdeburg

gefördert

von der der Bundesbeauftragten für Kultur und Medien
auf Beschluss des Deutschen Bundestages
vom Land Sachsen-Anhalt
vom Bistum Magdeburg

Tobias Licht · Stephan Mokry (Hg.)

Die Reformation –
ein Bildungsgeschehen?

Historische Einordnung und
ökumenische Ausblicke

EVANGELISCHE VERLAGSANSTALT
Leipzig

BONIFATIUS

Bibliografische Information der Deutschen Nationalbibliothek
Die deutsche Nationalbibliothek verzeichnet diese Publikation in der
Deutschen Nationalbibliografie; detaillierte bibliografische Daten sind
im Internet über http://dnb.ddb.de abrufbar.

ClimatePartner ⭕
**klimaneutral
gedruckt**

Die CO$_2$-Emissionen
dieses Produkts wurden
durch CO$_2$-Emissions-
zertifikate ausgeglichen.

Zertifikatsnummer:
53323-1712-1009
www.climatepartner.com

FSC
www.fsc.org
MIX
Papier aus ver-
antwortungsvollen
Quellen
FSC® C011558

Umschlagfoto: Thomas Rebel, © Melanchthonhaus Bretten
Umschlaggrafik: Karin Cordes, Paderborn

© 2017 by Bonifatius GmbH Druck · Buch · Verlag Paderborn
und Evangelische Verlagsanstalt GmbH, Leipzig

ISBN 978-3-89710-717-5 (Bonifatius)
ISBN 978-3-374-05243-1 (Evangelische Verlagsanstalt)

Gesamtherstellung: Bonifatius GmbH Druck · Buch · Verlag Paderborn

Inhalt

» Vorwort

Unter dem Titel „Die Reformation – ein Bildungsgeschehen?"
fand am 28. und 29. Oktober 2016 im Roncalli-Haus Magdeburg
eine Tagung statt, die in historischer und systematischer Perspektive dem engen Zusammenhang nachgegangen ist, der
gewöhnlich zwischen der Reformation, dem neuzeitlichen Bildungsverständnis und einer darauf gründenden Bildungspraxis
hergestellt wird. Die Tagung wurde von der Kommission Theo-
logie-Glaube-Bildung der Katholischen Erwachsenenbildung
Deutschland (KEB) vorbereitet und im Rahmen des Projekts
„2017: Neu hinsehen! Ein katholischer Blick auf Luther" der
Akademie des Bistums Magdeburg (Halle/Saale) und der KEB im
Land Sachsen-Anhalt e. V. von der Katholischen Erwachsenenbildung Deutschland in Kooperation mit dem Johann-Adam-
Möhler-Institut für Ökumenik Paderborn und der Europäischen
Melanchthon-Akademie Bretten unter der Gesamtmoderation
der Herausgeber durchgeführt. Sie versteht sich als der Beitrag
der katholischen Erwachsenenbildung in Deutschland zum Reformationsgedenkjahr 2017.
Dieser Band dokumentiert, ergänzt um einige einführende Be-
merkungen, die überarbeiteten Beiträge der Tagung – die
Hauptvorträge, verschiedene Arbeitskreise sowie das Grußwort
des Bischofs von Magdeburg, Dr. Gerhard Feige.
Wir danken sehr herzlich allen, die zum Gelingen der Magdeburger Tagung und dieser Dokumentation beigetragen haben –
der vorbereitenden Kommission für ihre engagierten Beratun-
gen, den Autoren für ihre Vorträge und Diskussionsbeiträge und
die Bereitstellung der Manuskripte. Ein besonderer Dank gilt
dem Magdeburger Bischof für seine aktive Präsenz während der
Tagung mit seinem Grußwort, in Gottesdienst und Gespräch.
Wir danken den genannten in Trägerschaft und Kooperation
beteiligten Institutionen, die das Projekt möglich gemacht haben, sowie der Bundesbeauftragten für Kultur und Medien,
dem Kultusministerium des Landes Sachsen-Anhalt und dem

Bistum Magdeburg für ihre großzügige finanzielle Unterstützung. Schließlich sei auch dem Bonifatius-Verlag Paderborn und seinem Lektor Dr. Michael Ernst sowie der Evangelischen Verlagsanstalt Leipzig ein herzliches Dankeschön für die fachkundige Begleitung und dafür gesagt, dass sie das Buch in ihr Programm aufgenommen haben.

Karlsruhe und Neufahrn bei Freising, im Sommer 2017

Tobias Licht   *Dr. Stephan Mokry*

» Zur Einleitung

Tobias Licht

Dass Reformation und Bildung miteinander in einem Zusammenhang stehen, ist ein oft vertretener Gemeinplatz. So hat die Evangelische Kirche in Deutschland EKD das dritte Jahr (2010) der dem Gedenken von 2017 vorgeschalteten Reformationsdekade ganz selbstverständlich dem Thema „Reformation und Bildung" gewidmet. Tatsächlich sind solche Zusammenhänge sowohl in der Entstehungszeit der reformatorischen Bewegung als auch später historisch wahrnehmbar: So waren die gravierenden Bildungsmängel in Teilen des Klerus eines jener Ärgernisse, die den Ruf nach Reformen in der spätmittelalterlichen Kirche immer wieder befeuerten. So ist tatsächlich die Bedeutung der Lutherschen Bibelübersetzung für die Alphabetisierung weiter Bevölkerungskreise und für die Entwicklung der modernen deutschen Schriftsprache ebenso unbestritten wie etwa die des evangelischen Kirchenlieds für die Entwicklung deutscher Dichtung und Musik. Und auch die Zugehörigkeit Philipp Melanchthons zum Kreis der humanistischen Bildungsdenker der frühen Neuzeit steht außer Frage.

Dass sich vorschnelle, einseitige konfessionelle Zuschreibungen hier verbieten, erweist der Blick in die Geschichte allerdings auch. So haben praktisch gleichzeitig mit der reformatorischen Bewegung, und nicht nur in Deutschland, sondern überall in der christlichen Welt, die bis heute außerordentlich erfolgreichen Bildungsaktivitäten des Jesuitenordens eingesetzt. Die genannten Gravamina im Bildungsbereich waren ein zentraler Gegenstand auch der von Trient ausgehenden Katholischen Reform. Das bis in die jüngere Vergangenheit hinein konstatierte Bildungsgefälle zwischen den Konfessionen bzw. ein katholisches Bildungsdefizit[1] hatte seine Gründe in erster Linie in der politi-

---

[1] Vgl. die umfassende Studie von Karl Erlinghagen, Katholisches Bildungsdefizit in Deutschland, Freiburg – Basel – Wien 1965.

schen Dominanz des Protestantismus im preußisch beherrschten deutschen Nationalstaat und der auf das landesherrliche Kirchenregiment in den evangelischen deutschen Staaten zurückgehenden höchst engen Verflechtung von Staat, Kirche und Gesellschaft – einer Verbindung, die in gewissen Ausläufern auch heute noch zu beobachten ist.[2] Schließlich steht theologisch die Frage im Raum, wie ein humanistischer Bildungsgedanke mit dem von Augustinus geprägten, zutiefst pessimistischen Menschenbild Martin Luthers überhaupt vereinbar sein soll.[3] Die Frage nach dem Verhältnis von Glaube und Bildung eröffnet jedenfalls ein höchst komplexes Feld historischer, politischer und systematischer Wechselverhältnisse.

Die Magdeburger Tagung „Die Reformation – ein Bildungsgeschehen?" (28./29. Oktober 2016) stellte mit ihren historischen und systematischen Klärungen zu dem Verhältnis von Reformation und Bildung den zentralen Beitrag der katholischen Erwachsenenbildung in Deutschland zum Reformationsgedenkjahr 2017 dar. Es sollten nicht nur die historischen Gegebenheiten dargestellt, sondern dahinter auch theologisch die jeweiligen konfessionellen Grundhaltungen zu einem vernunftorientierten Bildungsdenken herausgearbeitet werden. Die Fragestellung wurde vertieft in Arbeitskreisen, die neben der Frage nach der besonderen Rolle Martin Luthers für den christlichen Bildungsgedanken und der Arbeit an einschlägigen Texten Philipp Melanchthons der Praxis des ökumenischen Gesprächs an katholischen Akademien und Bildungszentren nachgingen und das am Menschen orientierte christliche Bildungsideal gegen die Ökonomisierungstendenzen der Gegenwart im Bildungsbereich

---

[2] Dass diese kulturelle Marginalisierung der Katholiken und überhaupt der „Bruch zwischen Evangelium und Kultur", den der sel. Papst Paul VI. „das Drama unserer Zeitepoche" genannt hat (EN 20) auch selbst verschuldete Anteile hatte, wird damit nicht bestritten. Vgl. dazu in diesem Band Johanna Rahner, Hat Bildung eine Konfession? Glaube, Vernunft und Bildung zwischen gemeinsamer theologischer Tradition und neuzeitlicher Konfessionalisierung, 47-72.

[3] Vgl. in diesem Band Günter Frank, Die Reformation als Bildungsimpuls? Gibt es einen konfessionellen Beitrag der Reformation für die Europäische Bildungstradition?, 19-45.

profilierten. Ein weiterer Arbeitskreis diente – gegen Tendenzen zur Selbstbeschränkung auf bloße gemeinsame Praxis in der Ökumene – der Erinnerung an die unverzichtbare Relevanz theologischer Arbeit zur ständigen Klärung der (gemeinsamen) Grundlagen und vor allem zur Auflösung noch unaufgearbeiteter Kontroversfragen. Auch der Bischof von Magdeburg, Gerhard Feige, stellte in seinem Grußwort neben dem Hinweis auf das dramatisch schwindende Glaubenswissen in der christlichen Bevölkerung aller Konfessionen vor allem auf das Erfordernis theologischer Arbeit in der Ökumene ab, „die kontroversen Vorstellungen der Vergangenheit zu prüfen, Klärungen voranzutreiben, Feindbilder, Klischees und Vorurteile zu überwinden und sich gegenseitig noch besser auf dem jeweils neuesten Stand von Lehre und Praxis wahrzunehmen"[4]. Der katholische Ausgangs- und Standpunkt war in all dem ebenso selbstverständlich vorausgesetzt wie die grundsätzlich ökumenische Orientierung.

Die beiden ersten Hauptvorträge von Günter Frank „Die Reformation als Bildungsimpuls? Gibt es einen konfessionellen Beitrag der Reformation für die europäische Bildungstradition?"[5] und Johanna Rahner „Hat Bildung eine Konfession? Glaube, Vernunft und Bildung zwischen gemeinsamer theologischer Tradition und neuzeitlicher Konfessionalisierung"[6] räumen mit manchem vereinnahmend-konfessionalistischen Mythos gründlich auf. Günter Frank macht, wie bereits erwähnt, deutlich, dass auf dem Hintergrund der von Augustinus geprägten pessimistischen Anthropologie Luthers nicht nur systematisch ein innerer Bezug des reformatorischen Denkens „zu einem erneuerten Bildungsgedanken nur schwer zu erschließen ist"[7], und dass darüber hinaus Luthers Wirken auch tatsächlich „das zeitgenössische Bildungswesen in eine tiefe Krise stürzte"[8]. Mit der engen Rückbindung Luthers an Augustinus ist aber ein Prob-

---

[4] In diesem Band, 18.
[5] A.a.O. (Fn. 3)
[6] A.a.O. (Fn. 2)
[7] Frank, Die Reformation als Bildungsimpuls, 28.
[8] Ebd.

lemherd benannt, der gerade zu einem Zeitpunkt, an dem die Frage nach der Kirche und damit auch die Frage nach dem Menschen in den Mittelpunkt des ökumenischen Gesprächs rückt oder rücken müsste und zu dem auf katholischer Seite auch darüber hinaus das Problembewusstsein für die negativen Seiten der Wirkungsgeschichte Augustins wächst,[9] für das ökumenische Gespräch noch einige Schwierigkeiten mit sich bringen dürfte – auch weit über die Frage nach der Bildung hinaus.

Auch Johanna Rahner setzt in der Reformationszeit selbst an und entfaltet die von den Jesuiten getragenen, auf „Wertschätzung des einzelnen", die „Fähigkeit zur kritischen Reflexion" und die „Verpflichtung zur sozialen Gerechtigkeit"[10] hinzielenden umfassenden Bildungsaktivitäten der Katholischen Reform nach dem Konzil von Trient. Gegen den protestantischen Mythos von „der theologischen Notwendigkeit einer Aufhebung der Klöster"[11] stellt sie die emanzipatorische Bedeutung gerade der Frauenklöster und der von ihnen gebotenen Bildungs- und Berufsmöglichkeiten etwa im schulischen Bereich als einer „gesellschaftlich akzeptierte(n) und angesehene(n) Lebensalternative für Frauen jenseits des klassischen Rollenbildes der Ehefrau und Mutter"[12] heraus. Das 19. Jahrhundert mit seinen zahlreichen neu gegründeten weiblichen Kongregationen hat die Attraktivität dieser alternativen Lebensform nachdrücklich unterstrichen. Schließlich zeichnet sie den schwierigen Weg der katholischen Kirche nach vom Scheitern der katholischen Aufklärung – trotz der „unbedingten Vereinbarkeit von Glaube und Vernunft" als Bestandteil des „unaufgebbaren ... Erbe(s) katholischer Identität"[13] – über den selbst verschuldeten Marsch ins antimoderne und antiintellektuelle Ghetto im 19. Jahrhundert zur erneuten Wende des Zweiten Vatikanischen Konzils, einem

---

[9] Vgl. etwa Magnus Striets Auseinandersetzung mit „des Augustinus lange(m) Schatten"; in: Ders., Gottes Schweigen. Auferweckungssehnsucht – und Skepsis, Ostfildern 2015, 109ff. u. passim.

[10] Rahner, Hat Bildung eine Konfession?, 59.

[11] Ebd., 60.

[12] Ebd.

[13] Ebd., 67.

Schritt, der gegen starke retardierende Tendenzen allerdings weiter einzuholen bleibt.

Der dritte Hauptvortrag von Jörg Splett nimmt Anthropologie und Theologie als die beiden Pole des Sprechens von Gott in den Blick: „Ernsthaftes Reden vom Menschen spricht tatsächlich immer von Gott – und soll dies in wissender Bejahung tun." – So die zentrale These.[14] Vor dem Hintergrund der anthropologischen Wende der Neuzeit gibt der Beitrag „Anthropo-Theologie. Zum Dienst der Philosophie" damit zugleich die Probe aufs Exempel, wie heute vernunftbestimmtes Gott-Denken möglich ist.

Das Reformationsgedenken 2017 wird sich, auch wenn die letzten Jahre von ökumenischen Irritationen nicht frei gewesen sind,[15] im Rückblick wohl nicht zuletzt durch das Bemühen auszeichnen, dieses Gedenken im ökumenischen Kontakt zu begehen. Die mancherorts gegenwärtig zu beobachtende ökumenische Ernüchterung bietet die Chance, auch jenseits des bewunderungswürdigen Maßes an gemeinsamem Tun, das vielerorts erreicht ist, die noch offenen theologischen Kontroversfragen beherzt anzugehen. Die Auflösung noch immer bestehender Missverständnisse, Vorurteile und falscher Zuschreibungen zwischen den Konfessionen dürfte dabei nicht der geringste Dienst sein. Damit und durch den nachdrücklichen Hinweis auf die Vernunft als gemeinsame Basis des Gesprächs und auf eine Bildung, die sich selbst als Aufklärung[16] versteht, wollte auch

---

[14] Vgl. Splett, Anthropo-Theologie, 73.

[15] Vgl. den kurzen Überblick bei Günter Frank/Albert Käuflein/Tobias Licht, Vorwort; in: Dies. (Hrsg.), Von der Reformation zur Reform. Neue Zugänge zum Konzil von Trient, Freiburg – Basel – Wien 2015, 7f.

[16] Erinnert sei hier an das revolutionäre Wort Joseph Ratzingers/Benedikts XVI.: „Im Christentum ist Aufklärung Religion geworden und nicht mehr ihr Gegenspieler" (Ders., Der angezweifelte Wahrheitsanspruch. Die Krise des Christentums am Beginn des dritten Jahrtausends; in: Paolo Flores d'Arcais/Joseph Ratzinger, Gibt es Gott? Wahrheit, Glaube, Atheismus [2000], Berlin [4]2009, 37-49, hier 39). Vgl. zum Verhältnis von Glaube und Vernunft bei Joseph Ratzinger/Benedikt XVI. im Überblick: Tobias Licht, Glaube – Wahrheit – Vernunft. Zur Rationalität des Christlichen im Denken von Joseph Ratzinger/Benedikt XVI.; in: Matthias Berg u. a. (Red.), „Wo

die Magdeburger Tagung und will dieses Buch dazu beitragen, auf dem Weg zur Einheit der Christen und Kirchen einen Schritt weiterzukommen.

Gott ist, da ist Zukunft". Zentrale Themen im Denken von Joseph Ratzinger/Benedikt XVI., Freiburg 2011, 22-34.

» „Die Reformation –
ein Bildungsgeschehen?"
Grußwort zur Tagung „Die Reformation –
ein Bildungsgeschehen?" am 28./29. 10. 2016
in Magdeburg

Bischof Gerhard Feige

Sehr geehrte Damen und Herren,

‚katholisch im Lande Luthers' ist nicht nur eine soziologische Beschreibung für uns hier im Bistum Magdeburg, sondern auch eine inhaltliche Herausforderung. Dabei ist ‚Ökumene' für uns schon lange kein Fremdwort mehr. Wir sind sogar davon überzeugt: „Nur in einem lebendigen Miteinander werden die Kirchen in ihrem Tun und in ihren Anliegen von den Menschen verstanden und angenommen."[1] Das zeigt sich auf vielfältige Weise auch im Hinblick auf das 500. Reformationsgedenken. So war ich z.B. am 31.10.2015 eingeladen, beim Reformationsgottesdienst in Torgau zu predigen; im November desselben Jahres sind wir im Rahmen der ACK Sachsen-Anhalt in Wittenberg schon einen Pilgerweg der Versöhnung gegangen; die Pilgerfahrt „Mit Luther zum Papst", an der etwa 1000 evangelische und katholische Christen aus unserer Region und darüber hinaus teilgenommen haben, liegt erst wenige Tage zurück; und für nächstes Jahr ist in Zeitz eine Ausstellung zum Thema Dialog der Konfessionen geplant, in deren Mittelpunkt der letzte katholische Bischof von Naumburg-Zeitz, Julius von Pflug, ein bedeutender Versöhnungstheologe seiner Zeit, stehen wird.

---

[1] Annette Schleinzer/Raimund Sternal (Hg.), Um Gottes und der Menschen willen – den Aufbruch wagen. Dokumentation des Pastoralen Zukunftsgespräches im Bistum Magdeburg, Leipzig 2004, 101.

In diese Reihe ökumenischen Engagements gehört auch das Projekt der Katholischen Erwachsenenbildung im Land Sachsen-Anhalt und der Katholischen Akademie des Bistums Magdeburg „2017: Neu hinsehen! Ein katholischer Blick auf Luther", das von Herrn Dr. Mokry äußerst kompetent und kreativ betrieben wird; dazu gehört auch die heutige Fachtagung zur Fragestellung: Die Reformation – ein Bildungsgeschehen? Ich freue mich, dass so viele gekommen sind, um sich mit diesem Thema intensiv auseinanderzusetzen, und grüße Sie alle ganz herzlich, besonders auch die Referenten und anderen Akteure.

Wie es in der Hinführung zur heutigen Tagung heißt, sind von der Reformation „entscheidende Impulse ausgegangen für eine allgemeine Alphabetisierung, für die Entwicklung des christlichen, auf die umfassende Entfaltung jedes einzelnen Menschen zielenden Bildungsideals und die Ausprägung eines am christlichen Glauben und der Kultur der Antike orientierten ‚humanistischen' Bildungskanons". Nicht nur historische Zusammenhänge sollen beleuchtet, sondern auch bildungspolitische Konsequenzen gezogen werden.

Zu den Herausforderungen, die es mit zu bedenken gilt, gehört auch, worauf der Münsteraner Theologe und Religionssoziologe Detlef Pollack gerade erst nachdrücklich aufmerksam gemacht hat[2]: Die religiöse Unkenntnis in Deutschland wächst. Zugleich spielten für viele Christen konfessionelle Unterschiede kaum noch eine Rolle. Auch kurz vor Beginn des 500. Reformationsgedenkens hätten selbst evangelische Christen kaum eine Ahnung von den Grundanliegen Martin Luthers, wörtlich: „Was die Reformation konkret betrifft, so werden deren theologische Inhalte so gut wie nicht wahrgenommen." Viele – so Pollack – hielten sogar das für evangelisch, was „gerade nicht protestantisch ist". In Untersuchungen habe sich etwa gezeigt, dass die Mehrheit der Protestanten meine, man könne vor Gott auch

---

[2]Vgl. die Meldung bei *katholisch.de* vom 26.10.2016: „Theologie: Protestanten wissen kaum etwas über Luther", hieraus auch nachfolgende Zitate: www.katholisch.de/aktuelles/aktuelle-artikel/theologe-protestanten-wissen-kaum-etwas-uber-luther (zuletzt aufgerufen am 19.02.2017).

durch gute Werke gerecht werden. Das aber heiße, dass diese Mehrheit der evangelischen Christen „das Zentrum des Protestantismus verneint". Denn es sei eine von Luthers wichtigsten Lehren, dass man nicht durch gute Taten gerechtfertigt werde, sondern einzig durch den Glauben an Jesus Christus. Evangelisch zu sein – folgert Pollack – sei für die meisten Protestanten nicht mehr mit dogmatischen Aussagen verbunden. Vielmehr bedeute ihre konfessionelle Zugehörigkeit für sie die Aufforderung, „ein guter Mensch zu sein und sich nach dem Gewissen zu richten". Typisch protestantisch sei auch, so gut wie nie zur Kirche zu gehen.

Einen starken Rückgang beobachtet Pollack zudem bei der Weitergabe von Glaubensinhalten. Insbesondere gehe die religiöse Kindererziehung auch in Familien von Kirchenmitgliedern stark zurück. Möglicherweise – so Pollack weiter – sei dies auch ein Hauptgrund dafür, dass sich die konfessionellen Unterschiede immer stärker verwischten. Wer wenig über den Glauben wisse, den interessierten konfessionelle Unterschiede nicht. Hierzu passt auch, was Medard Kehl provokativ einmal so formuliert hat: „Wir glauben eh nicht mehr viel, das können wir auch ruhig gemeinsam tun."[3] Nur noch eine kleine Minderheit von kirchlich sehr stark Engagierten habe – so Pollack[4] – einen Sinn für das Trennende, dagegen könne es „die ganz große Mehrheit der Kirchenmitglieder beider Konfessionen nicht nachvollziehen, dass Katholiken und Protestanten das Abendmahl nicht gemeinsam feiern. Der Glaube definiere sich kaum noch konfessionell. Konfliktlinien verliefen nicht mehr zwischen den Konfessionen, „sondern zwischen religiösen und nicht religiösen Menschen".

Wie soll man mit solchen Entwicklungen umgehen? Zweifellos ist die geistliche Ökumene das Herz all unserer zwischenkirchlichen Bemühungen, und auch das Motto „Tun, was eint" hat eine enorme Bedeutung für das praktische Zusammenleben

---

[3] Medard Kehl, Wohin geht die Kirche? Eine Zeitdiagnose, Freiburg – Basel – Wien 1996, 78.
[4] Vgl. Anm. 2.

und das gemeinsame christliche Zeugnis in der Welt. Dennoch – so meine ich – bedarf es daneben auch des theologischen Dialogs. Das Ideal des christlichen Glaubens ist nicht der einfältige Köhlerglaube. Auch der Verstand ist eine Gabe Gottes; deshalb gehören Glauben und Wissen zusammen, auch in der Ökumene. Schließlich ist man in der Vergangenheit nicht im Streit um Bagatellen auseinandergegangen, sondern im Eifer um den wahren Glauben und dessen treue Weitergabe. Darum ist es auch wichtig, die kontroversen Vorstellungen der Vergangenheit zu prüfen, Klärungen voranzutreiben, Feindbilder, Klischees und Vorurteile zu überwinden und sich gegenseitig noch besser auf dem jeweils neuesten Stand von Lehre und Praxis wahrzunehmen. Leider ist das Wissen selbst der grundlegendsten christlichen Inhalte jedoch heute erschreckend zurückgegangen. Eine christliche ‚Pisa-Studie' fiele vermutlich noch viel dramatischer aus als die bekannte ‚Pisa-Studie' zum Bildungsstand der Deutschen. Dabei ist nicht an theologische Spitzfindigkeiten gedacht, sondern an das, was man das christliche ABC nennen könnte. Wer mitreden will, sollte auch kompetent sein und wenigstens die Grundaussagen des eigenen Katechismus kennen. Aus dem bloßen Gefühl oder aus dem Bauch heraus lässt sich verantwortlicher Weise kein konstruktiver Dialog führen.

Ich bin davon überzeugt, dass die kirchliche Erwachsenenbildung und Akademiearbeit hierzu fantasievoll und segensreich beitragen kann. Mögen auch von dieser Tagung wichtige Impulse ausgehen, um Differenzierungen zu fördern und den Bildungsstand zu heben.

» Die Reformation als Bildungsimpuls?
Gibt es einen konfessionellen Beitrag der Reformation für die europäische Bildungstradition?

Günter Frank

Diese Fragen, die ich in meinem Beitrag besprechen möchte, scheinen auf den ersten Blick allgemeine Anerkennung zu verlangen. Um nur einige Beispiele zu nennen, die beliebig erweitert werden könnten: Das Themenjahr der sog. Lutherdekade stand im Jahr 2010 ganz innerhalb dieses Bedeutungszusammenhangs von ‚Reformation und Bildung' und lud ausdrücklich zur Auseinandersetzung mit „den Bildungsimpulsen der Reformation ein: Demokratisierung von Bildung, Einheit von Glaube und Bildung sowie Grundlegung von Allgemeinbildung". In der Tagungs- und Schriftenreihe ‚Reformation heute', die sich zu ihrer Auftaktveranstaltung im Jahr 2013 auf der Wartburg versammelt hatte, hielt Christopher Spehr, einer der Mitveranstalter, in seiner Einführung zum Thema ‚Protestantische Bildungsakzente' fest: „In der Tat sind Protestantismus und Bildung aufeinander bezogen. ‚Bildung' – allgemeiner ‚Kultur' – wird gemeinhin sogar als Erkennungsmerkmal des Protestantismus bestimmt."[1] Und wer weiß nicht um das Milieu protestantischer Pfarrhäuser, die in der Vergangenheit, vor allem im 18. und 19. Jahrhundert geradezu Pflanzstätten einer fast dominanten Intellektuellenkultur wurden. Was wäre unsere europäische Bildungstradition ohne so herausragende Gelehrte wie Kant, Fichte, Hegel, Schelling, die Humboldt-Brüder, Nietzsche, Schopenhauer und Kierkegaard?
Worin besteht jedoch der Zusammenhang von „Reformation und Bildung"? Wie ist ein solcher Bildungsimpuls näherhin zu

---

[1] Christopher Spehr (Hg.), Reformation heute. Bd. 1: Protestantische Bildungsakzente, Leipzig 2014, 8.

verstehen? Diese Frage kann man in einer mindestens zweifachen Weise verstehen. Einerseits könnte sie historisch, d. h. in einem äußeren Sinn darauf verweisen, dass sich in der Zeit der Reformation die Grundlagen des modernen europäischen Bildungsgedankens entwickelt hätten. Diese Frage könnte jedoch andererseits auch intrinsisch verstanden werden als Perspektive, innerhalb der die Reformation also selbst einen Impuls zu diesem modernen Bildungsgedanken freigelegt hätte. Soweit ich sehe, hat in der jüngeren Diskussion neben der Kölner Religionspädagogin Heike Lindner[2] vor allem der Bischof der Evangelischen Kirche von Kurhessen-Waldeck Martin Hein den reformatorischen Bildungsimpuls in einer solchen intrinsischen Perspektive darzulegen versucht.[3] Hein betont die religiöse Herkunft und Dynamik des Bildungsgedankens, in dem sich gerade die Würde des Menschen auszeichne, „als der von Gott angesprochene Mensch eben nicht die letzte Verantwortung für sein Heil tragen zu müssen, sondern sich gerade hier fröhlich entlasten zu lassen. Es hat mit unserer reformatorischen Tradition zu tun, dass Bildung und Religion in Deutschland so eng miteinander verbunden sind [...]."[4]

In welcher Hinsicht – so muss man weiter fragen – ist nun jedoch der Reformation ein solcher Bildungsimpuls eigen? Diese Frage ist gar nicht so leicht zu beantworten, wie es der erste Augenschein nahelegen will. Denn die Beantwortung dieser Frage hängt davon ab, was man genau unter „Reformation" zu verstehen habe, eine Frage, die heute zumindest kontrovers diskutiert wird. Der kaum verdächtige lutherische Kirchenhisto-

---

[2] Heike Lindner, Bildung, Erziehung und Religion in Europa. Politische, rechtshermeneutische und pädagogische Untersuchungen zum europäischen Bildungsauftrag in evangelischer Perspektive, Berlin – New York 2008; Dies., Melanchthons Bildungsentwürfe im Rahmen der frühen Neuzeit und heutiger Diskussionen, in: Günter Frank (Hg.), Staat, Religion, Bildung. Reformatorisches Erbe vor den Herausforderungen einer säkularen Gesellschaft. 2. Thüringer Melanchthontag 2010, Weimar – Eisenach 2011, 46-62.
[3] Martin Hein, Erlösung durch Bildung? Theologische Würdigung und Kritik, in: Spehr (Hg.), Reformation heute, 163-178.
[4] Ebd. 164f.

riker aus Göttingen, Thomas Kaufmann, ein ausgewiesener Kenner der Zeit der Reformation, hatte in einem viel beachteten Beitrag in der F.A.Z. vom 14. November 2011 unter dem Titel ‚Das schwierige Erbe der Reformation' diese Frage ziemlich überraschend beantwortet: Reformation sei Antiromanismus und Antipapalismus. Gegen eine solche Annahme kann man gleichwohl einwenden, ob damit nicht doch der theologische Ernst dieser Zeit, das religiöse Ringen Luthers um einen ‚gnädigen Gott', in seiner Bedeutung für die Reformation als zu gering eingeschätzt wird. Während eines Theologischen Frühschoppens in Karlsruhe zu einer kritischen Reflexion des Besuches Papst Benedikts XVI. am 23. September 2011 im Augustinerkloster zu Erfurt, den ich mit einem evangelischen Oberkirchenrat der Badischen Landeskirche veranstaltet hatte, sagte dieser als Resümee seines Besuches: „Wissen Sie, die Protestanten feiern 500 Reformation und laden den Papst ins Augustinerkloster ein; dieser erklärt den Vertretern der EKD, was Reformation ist." Benedikt hatte in seiner Ansprache darauf hingewiesen, dass es die Frage nach Gott war, die die tiefe Leidenschaft und Triebfeder seines – Luthers – Lebens und seines ganzen Weges gewesen sei. „Die Frage: Wie steht Gott zu mir, wie stehe ich vor Gott – diese brennende Frage Luthers muss wieder neu und gewiss in neuer Form auch unsere Frage werden, nicht akademisch, sondern real."[5]

1.

Papst Benedikt XVI. legte damit die Annahme nahe, die Reformation zunächst und vor allem als ein theologisches Ereignis zu begreifen. Auch die moderne Lutherforschung betont, dass es

---

[5] Ansprache von Papst Benedikt XVI. an die Vertreter der EKD im Kapitelsaal des Augustinerklosters, in: Sekretariat der Deutschen Bischofskonferenz (Hg.), Verlautbarungen des Apostolischen Stuhls Nr. 189, Bonn 2011, 70-74 (Wieder abgedruckt in: Reformation in ökumenischer Perspektive. Arbeitshilfen Nr. 284 [hrsg. vom Sekretariat der Deutschen Bischofskonferenz], Bonn 2016, 182-186).

diesem um eine neue Verhältnisbestimmung zwischen Gott und Mensch ging, dass dieser also um eine erneuerte Verhältnisbestimmung von Gnadentheologie, Soteriologie und theologischer Anthropologie gerungen hatte. Tatsächlich zielte Luthers Betonung der Rechtfertigungslehre auf eine nunmehr ausschließlich theologisch ausgerichtete Anthropologie, die um eine nähere Verhältnisbestimmung von Schöpfung, Prädestination, Sündenfall und Erlösung rang. Man kann – wie Walter Mostert dies getan hat – den Dreh- und Angelpunkt der theologischen Bemühungen Luthers in der „Frage der Rechtfertigung des Menschen (sehen), die mit der Frage des Gottsein Gottes koinzidiert", die dazu geführt habe, dass sich Luther mit einer ähnlichen Heftigkeit wie Augustinus in seinen antipelagianischen Schriften gegen alle Versuche zur Wehr gesetzt hatte, welche die absolute Macht Gottes im Heilsgeschehen leugneten und die wahre Natur des Menschen überschätzten.[6] Luther wollte die durch pelagianische Gedanken einer meritorischen Moraltheologie[7], wie er sie exemplarisch in Gabriel Biels Kommentar der Sentenzen des Petrus Lombardus kennengelernt hatte, korrumpierte zeitgenössische Theologie und Kirche durch eine christliche Lehre wiederherstellen, und das hieß für ihn vor allem durch die Anerkennung der vollständigen Sündhaftigkeit und Ohnmacht des Menschen vor Gott, wie er sie in der Schrift überliefert sah und als deren treusten Ausleger er Augustinus ansah.[8]

---

[6] Walter Mostert, Luthers Verhältnis zur theologischen und philosophischen Überlieferung, in: Helmar Junghans (Hg.), Leben und Werk Martin Luthers von 1526-1546, Bd. 1, Göttingen 1983, 347-368, hier 348.

[7] Zur meritorischen Theorie der Moraltheologie Biels vgl. Wilhelm Ernst, Gott und Mensch am Vorabend der Reformation. Eine Untersuchung zur Moralphilosophie und -theologie bei Gabriel Biel (EThSt 28), Leipzig 1972, 394-409.

[8] Kurt-Victor Selge, Mittelalterliche Traditionsbezüge in Luthers früher Theologie, in: Bernd Moeller/Stephan E. Buckwalter (Hg.), Die frühe Reformation in Deutschland als Umbruch, Gütersloh 1998, 149-156, hier 156; vgl. zum Folgenden auch Dieter Groh, Schöpfung im Widerspruch. Deutungen der Natur und des Menschen von der Genesis bis zur Reformation, Frankfurt a. M. 2003, bes. 567-576; Jairzinho Lopes Pereira, Augustine of

Zu Beginn seines theologischen Wirkens hatte Luther die Erb-sünde noch nicht wie im Sinne des Augustinus als Konkupiszenz, sondern als Verlust der Urstandsgerechtigkeit betrachtet, die Konkupiszenz selbst als Strafe Gottes, die eher zufällig (per accidens mala) schlecht sei.[9] In den Jahren 1515/1516, als Luther an seinen Vorlesungen zum Römerbrief arbeitete, lernte er – wie er in einem Brief an Spalatin am 19. Oktober 1516 bekannte – die antipelagianischen Schriften des Augustinus kennen (*De spiritu et litera, De peccatorum meritis et remissione, Contra duas epistulas Pelagianorum, Contra Iulianum*).[10] Seit seinen Arbeiten am Römerbriefkommentar avancierte Augustinus für Luther zur unbedingten Autorität der Kirchenväter. Später identifizierte er deshalb wie Augustinus Erbsünde und Konkuspiszenz und sah in dieser „nicht nur de(n) Verlust einer

---

Hippo and Martin Luther on Original Sin and Justification of the Sinner (R5AS 15), Göttingen 2013. Stefano Leoni hat jüngst in einer äußerst erhellenden Studie Luthers Begegnung mit Augustins antipelagianischen Schriften zwischen 1515 und 1519 als den eigentlichen theologischen Kern seines sog. ‚reformatorischen Durchbruchs' mehr als plausibel erscheinen lassen: Vgl. Ders., Der Augustinkomplex. Luthers zwei reformatorische Bekehrungen, in: Volker Leppin (Hg.), Reformatorische Theologie und Autoritäten. Studien zur Genese des Schriftprinzips beim jungen Luther (SMHR 85), Tübingen 2015, 183-294.

[9] WA 9, 74: „Peccatum primum Adae non dicitur originale, sed fuit actuale, sed est nihil aliud, nisi propter tale primum peccatum actuale non habere iustitiam originalem. Et sic omnes posteri Adae, similiter et ipse post primum peccatum, in peccato originali nascuntur."

[10] WA Br 1, 70, 8-11. Den Einfluss der Augustinus-Lektüre dieser Zeit auf Luther hat Pereira minutiös im 2. Teil *Understanding the rising of a Reformer. Young Luther's use and reading of Augustine* seiner Untersuchung dargestellt (vgl. Pereira, Augutine of Hippo and Martin Luther, 265-476); vgl. darüber hinaus: Adolf Hamel, Der junge Luther und Augustin: ihre Beziehungen in der Rechtfertigungslehre nach Luthers ersten Vorlesungen 1509-1518 untersucht, 2 Bde., Gütersloh 1934-1935; Bernhard Lohse, Die Bedeutung Augustins für den jungen Luther, in: KuD 11 (1965) 116-135; Hermann Dörries, Augustin als Weggenosse Luthers, in: DWS 3, 84-108; Leif Grane, Augustins „Expositio quarundam propositionum ex epistola ad Romanos" in Luthers Römerbriefvorlesung, in: ZThK 69 (1972) 304-330; Ders., Divus Paulus et S. Augustinus, interpres eius fidelissimus: über Luthers Verhältnis zu Augustin, in: Gerhard Ebeling/Eberhard Jüngel/Gerd Schunack (Hg.), Festschrift für Ernst Fuchs, Tübingen 1973, 133-146.

Qualität im Willen, ja auch nicht bloß des Lichtes im Verstande, der Tugend im Gedächtnis, sondern vielmehr de(n) Verlust der gesamten Rechtbeschaffenheit und Macht aller Kräfte sowohl des Leibes als auch der Seele und des ganzen inneren und äußeren Menschen".[11] Im Urzustand sei Adam noch frei von jeglichen bösen Neigungen gewesen, nach dem Sündenfall jedoch bringt er Nachkommen seiner Art hervor, Menschen also mit einer grundsätzlichen Neigung zum Bösen. Erbsünde und Konkupiszenz bleiben fortan bei Luther – auch darin folgt er Augustinus – auch nach der Taufe erhalten, so dass auch getaufte Eltern nur wiederum Sünder zeugen können. Allerdings wird die Sünde durch die Taufe von Gott nicht mehr angerechnet. So heißt es in der zwischen 1514 und 1520 entstandenen Predigt *De festo conceptionis Beatae Mariae virginis deque peccato gentilitio*: „Es sagt der göttliche Augustinus: ‚Die Geschlechtssünde wird zwar in der Taufe nachgelassen, aber nicht so, dass sie nicht sei, sondern so, dass sie nicht angerechnet werde.' Durch die Taufe werden alle Sünden nachgelassen, jedoch so, dass Gott sie nicht anrechnet: doch nicht deswegen existieren sie nicht, vielmehr sind sie zu heilen und haben sie begonnen, geheilt zu werden. Wahrhaft werden absolut alle im Tode geheilt."[12]

---

[11] So in seinem Römerbriefkommentar von 1515/1516 (WA 56, 312, 7-10): „Est non tantum priuatio qualitatis in voluntate, immo nec tanto priuatio lucis in intellectu, virtutis in memoria, sed prorsus priuatio uniuerse rectudinis et potentie omnium virium tam corporis, quam anime ac totius hominis interioris et exterioris." Vgl. hierzu: Julius Gross, Geschichte des Erbsündendogmas: ein Beitrag zur Geschichte des Problems vom Ursprung des Übels, Bd. 4: Entwicklungsgeschichte des Erbsündendogmas seit der Reformation, München 1972, 22-27 (Übersetzung ebd., 26); vgl. darüber hinaus: Wilhelm Braun, Die Bedeutung der Concupiszenz in Luthers Leben und Lehre, Berlin 1908.

[12] WA 4, 691f.: „Respondet Divus Augustinus: ‚Dimittitur quidem peccatum gentilitium in baptismo, non ut non sit, sed ut non imputatur.' Ita per baptismum omnia peccata tolluntur, sic tamen, quod Deus non imputat: sed non ideo non sunt, Immo sananda sunt et coepta sanari, Verum in morte sanantur absolute omnia." (dt. Übersetzung in Gross, Geschichte des Erbsündendogmas, 20).

Die Taufe ist also nur der Beginn der Heilung des Menschen, unbeschadet allerdings der bleibenden Hinordnung des Menschen zum Bösen. Durch den Sündenfall sei diese Sünde Adams auf das gesamte Menschengeschlecht übergegangen und verursache auf diese Weise eine bleibende Neigung des Menschen zu sündigen Handlungen. So heißt es in der bereits erwähnten Marienpredigt: „Adam war, bevor er vom Baum aß, gerecht und heilig von Gott erschaffen, ohne in sich zu haben irgendeine Hinneigung zum Bösen, [...] sondern nur zum Guten. [...] Wie Adam selbst war, so wären auch wir von ihm gezeugt worden. Daher spricht man von der Urgerechtigkeit, weil sie vom Ursprung und vom Vater Adam her uns angeboren gewesen wäre [...]. Nachdem sie also vom verbotenen Baum gegessen und gesündigt hatten, ging sogleich jene Urgerechtigkeit zugrunde und wurde ruiniert. Da begannen in ihnen alle schlechten Begierden hervorzusprossen [...]. Weil Adam und Eva solche waren, sind solche alle ihre Kinder. Wie er selbst ein von Sünden infiziertes Fleisch hatte, so haben alle von ihm gezeugten Kinder ein ähnliches Fleisch, und die Sünde, die in den Eltern war, wird deren Kindern (durch Zeugung) mitgegeben."[13]

Und auch der locus classicus der Erbsündenlehre (Röm 5,12), nach dem durch einen Menschen die Sünde und der Tod in die Welt gekommen sei, expliziert Luther ganz im Sinne des Augustinus: „Zum ersten, was er sagt: ‚durch einen Menschen'. Wovon bei Augustinus gegen die Pelagianer, Buch I, De peccatorum meritis et remissione et de baptismo parvulorum (steht):

---

[13] WA 4, 690f.: „Adam, antequam de ligno comederet, erat iustus et sanctus a Deo creatus, non habens in se aliquam propensionem ad malum [...] sed ad bonum solum. [...] Quia qualis ipse fuit Adam, tales et nos ab eo geniti essemus. Et ideo vocatur originalis iustitia, quod ab origine et ab usque patre Adam per generationem nobis fuisset congenerata. [...] Postquam ergo de lingo vetito comedebant et peccaverunt, statim illa iustitia originalis periit et corrupta est. Tunc in eis coeperunt omnia mala desyderia pullulare [...] Quia quales errant Adam et Eva, tales sunt omnes filii eorum. Quia sicut ipse habuerant carnem peccato infectam, sic omnes filii eius ab eo generate habent simile carnem, et peccatum, quod in parentibus fuit, congeneratur filiis eorum." (Übersetzung Gross, Geschichte des Erbsündendogmas, 18.)

,Wenn der Apostel jene Sünde anführen wollte, die in diese Welt nicht durch Fortpflanzung, sondern durch Nachahmung eintrat, hätte er als Ersten nicht Adam, sondern den Teufel genannt, über den in Sap. 2 gesagt wird: ,Sie ahmen ihn aber nach, die aus seinem Teil kommen.' So hat auch Adam ihn nachgeahmt und er hatte seine Sünde vom Anstifter Teufel. Er aber sagt: ,durch einen Menschen'. Denn die aktuellen (Sünden) kommen alle und sind alle durch den Teufel in die Welt gekommen, aber die Erbsünde ,durch einen Menschen'. An derselben Stelle bei Augustinus: ,Schließlich setzt der Apostel, wenn er jene Sünde und dazu den Tod nennt, die durch Vererbung von einem Menschen auf alle übergingen, diesen als Anstifter, von dem durch Vererbung der Anfang des Menschengeschlechts ausgeht.' Und anderes Schönes."[14]

Diese Argumentation der Erbsündenlehre durchzieht Luthers theologisches Werk: die Erbsünde oder Konkupiszenz ist die beständige Neigung des Menschen zum Bösen, die „Erbsünde ist das angeborene und uns ewig anhaftende Böse", so dass die Menschen „jeden Tag Sünder" sind.[15] Die sich täglich aktualisierende Sünde des Menschen – so führt Luther später in seiner Schrift über die menschliche Willensfreiheit aus – ist auch der Grund dafür, dass „wir durch das eine Vergehen des einen Adam alle unter der Sünde und Verdammung sind, wie könnten wir irgendetwas unternehmen, was nicht Sünde und verdam-

---

[14] WA 56, 309, 23-310, 7: „Primo, quod dicit: ,per vnum hominem.' Vnde b. Augustinus contra Pelagianos li. I. de pec. meri. Et re.: 'Si Apostolus peccatum illud commemorare voluisset, quod in hunc mundum non propagatuibem Sed imitation intrauerit, non eius principem Adam, Sed diabolum diceret, de quo dicitur Sap. 2.: 'Imitantur autem eum, qui sunt ex parte eius.' Ideo et Adam eum fuit imitates et principem habuit peccati sui dabolum, Hic autem dicit: per hominem. Actuali enim omnia per diabolum intrant et intrauerunt in mundum, Sed originale 'per hominem vnum.' Ibidem b. Augustinus: 'Proinde Apostolus cum peccatum illud ac mortem commemoraret, que ab vno in omnes propagation transissent, eum principem prosuit, a quo propagatio generis humani sumpsit exordium.' Et alia pulchra."

[15] WA 39, 95, 1: „Peccatum originale est ingenitum et perpetuo inhaerens malum in nobis [...] quottidie sumus peccatores."

menswert wäre?"[16] Obwohl die Erbsünde nach der Taufe dem Menschen nicht mehr angerechnet wird, bleibe sie doch eine beständige Hinneigung des Menschen zum Bösen, so dass die ganze Menschheit eine „massa perdita" (heillose Masse) sei, wie dies auch Augustinus gelehrt hatte. „Das ganze menschliche Geschlecht ist von der untersten Wurzel her durch ein so gerechtes göttliches Urteil verdammt."[17]

Luther hat diese Kernpunkte seiner Erbsündenlehre und der theologischen Anthropologie auch in seiner *Assertio articulorum omnium M. Lutheri per bullam Leonis X novissimam damnatorum* erneuert. Diese *Assertio* war Luthers Antwort auf die Bannandrohungsbulle *Exsurge Domine* vom 15. Juni 1520. Luthers Schrift, die Mitte Januar 1521 gedruckt wurde, stellt seine Antwort auf die 41 inkriminierten Thesen der Bannandrohungsbulle dar.[18] Sie kann jedoch gleichermaßen als ein Kompendium seiner seit der Beschäftigung mit dem Römerbrief entfalteten Theologie gelesen werden. In der assertio II bekräftige er erneut seine Leugnung der Wirksamkeit der Taufe[19] und verbindet diese gleichermaßen mit seiner Erbsündenlehre: Sünde ist die menschliche Begehrlichkeit (concupiscentia), die auch durch die Taufe nicht verlorengeht, sondern die als bleibender Zündstoff der Sünde (fomes peccati) auch nach der Taufe im Menschen wirke.[20] In der assertio XXXVI stellt Luther die menschliche Willensfreiheit in Frage, die nach dem Sündenfall nur noch dem Namen nach (solo de titulo) bleibe.[21] Vielmehr bestehe die Konkupiszenz deshalb nach der Taufe fort, um auf diese Weise die Machtlosigkeit des freien Willens gegen diese Begehrlichkeit

---

[16] WA 18, 773: „Cum unius Adae unico delicto omnes sub peccato et damnatione sumus, quomodo possumus aliquid tentare, quod non peccatum et damnabile sit?"

[17] WA 56, 404, 21f: „Vniversum genus humanum in apostatica radice tam Iusto Iudicio diuino damnatum est."

[18] WA 7, 94-151.

[19] WA 7, 103, 9ff.

[20] WA 7, 110, 22-111, 11.

[21] WA 7,142, 22ff. Vgl. hierzu auch Harry J. McSorley, Luthers Lehre vom unfreien Willen nach seiner Hauptschrift „De servo arbitrio" im Lichte der biblischen und kirchlichen Tradition (BÖT 1), München 1967, 239-255.

unter Beweis zu stellen – wie Luther in seiner assertio XXXVII erläutert.

Aber auch Erasmus' trichotomische Seelenlehre wird von Luther einer einschneidenden Kritik unterzogen und ihr eine ganzheitliche Anthropologie entgegengesetzt: „Es ist der ganze Mensch, der die Reinheit liebt, und derselbe ganze Mensch, der von den verlockenden Begierden gereizt wird. Es sind zwei ganze Menschen, und ein einziger ganzer Mensch."[22] Für den Theologen ist jedoch – wie Luther in seiner Auslegung von Psalm 51 im Jahr 1538 hervorhebt – entscheidend, dass er den Menschen als Sünder sieht, weil diese Substanz des Menschen in der Theologie behandelt werde.[23] Heinrich Köster hatte Luthers Position in der Erbsündenlehre treffend zusammengefasst: Sünde ist nach Luther „keine Bestimmung von Akten, sondern eine durchgreifende Bestimmung der menschlichen Existenz im Ganzen, woraus sich dann auch Luthers radikale These versteht, daß der Mensch in allem, was er tut, sündigt."[24]

2.

Aus einer solchen theologischen Anthropologie, die das Wesen des Menschen allein aus seiner Begierlichkeit sowie aus der göttlichen Gnade begreift und ausschließlich in Bezug auf die Hl. Schriften dieses menschliche Wesen versteht, ist ein intrinsischer Bezug dieser reformatorischen Erkenntnis zu einem erneuerten Bildungsgedanken nur schwer zu erschließen. Im Gegenteil: Tatsächlich stürzten Luthers reformatorische Einsichten das zeitgenössische Bildungswesen in eine tiefe Krise. Luther hatte diese später als ‚reformatorischer Durchbruch' im

---

[22] WA 2, 586: „Totus homo est qui castitatem amat, idem totus homo illecebris libidinis titillatur. Sunt duo toti homines et unus totus homo."
[23] WA 40, 2, 327: „Theologus autem disputat de homine PECCATORE. Haec hominis substantia est in Theologia."
[24] Heinrich Köster, Urstand, Fall und Erbsünde. Von der Reformation bis zur Gegenwart (HDG 2, 3c), Freiburg – Basel – Wien 1982, 7.

sog. ‚Turmerlebnis'[25] bezeichneten theologischen Erkenntnisse, die im Kern – wie wir gesehen haben – eine radikale Fortschreibung der antipelagianischen Anthropologie, Gnaden- und Erlösungslehre Augustins war, in seinen drei reformatorischen Hauptschriften des Jahres 1520 *An den christlichen Adel deutscher Nation von des christlichen Standes Besserung*, *De captivitate Babylonica ecclesiae praeludium* und *Von der Freiheit eines Christenmenschen* zugespitzt. Die weite und schnelle Verbreitung dieser Hauptschriften, aber auch andere kirchenpolitische Ereignisse dieser Jahre (Leipziger Disputation 1519; Reichstag zu Worms 1521) hatten vielfältige Unruhen heraufbeschworen, die auch die Universitäten als wichtige Bildungseinrichtung erfasst hatten. Überall an den Universitäten im Reich ging die Zahl der Immatrikulationen und Promotionen rasant zurück. Der spätere Vorwurf von römischer Seite, dass Luther „die universitet darnider geschlagen" habe, war – so noch einmal Thomas Kaufmann – berechtigt.[26] „In den frühen zwanziger Jahren aber drohte [...] die Gefahr, daß die reformatorische Bewegung den Wert gelehrter Bildung so grundsätzlich in Frage stellen würde, daß von der alten Herrlichkeit des Gelehrtenstandes und der Universitäten nichts mehr übrigbliebe."[27] Der Theologieprofessor und Kanoniker in Wittenberg Karlstadt, der zu der Erkenntnis gelangt war, dass ein Laie hinsichtlich der Gotteserkenntnis dem Kleriker nicht nur ebenbürtig, sondern gar überlegen sei, legte seinen Doktorgrad ab, da Christus seinen Jüngern den Verzicht auf weltliche Ehren sowie die Beteiligung an akademischen Promotionsverfahren und die Wahrnehmung eines pro-

---

[25] Luther berichtete nur einmal später, und zwar ein Jahr vor seinem Tod von diesem sog. ‚Turmerlebnis'. Die Datierung ist in der Forschung gleichwohl umstritten. In dieser autobiographischen Einleitung für eine Sammlung lateinischer Schriften berichtete Luther in diesem Zusammenhang von seiner Arbeit am Kommentar zum Römerbrief sowie von seiner Lektüre von Augustins antipelagianischer Schrift „Über den Geist und den Buchstaben". Der Text dieser autobiographischen Skizze findet sich in: Martin Luther, Ausgewählte Schriften, Bd. 1, Frankfurt a. M. – Leipzig 1995, 13-25.
[26] Thomas Kaufmann, Geschichte der Reformation, Frankfurt a. M. – Leipzig 2009, 451-453, hier 451.
[27] Ebd.

fessoralen Lehramtes einzustellen gelehrt habe. Während einer Visitation in Ostthüringen begegnete Luther Karlstadt und seinen Anhängern in Orlamünde und wurde mit den Folgen seiner Lehren konfrontiert: „Doctores der Kunst, der Ertzney, der Rechten, der Sententias mugen der Bapst, Keyszer und Universiteten machen, aber sey nur gewisz, eynen Doctorn der heyligenn schrifft wirt dir niemandt machen, denn allein der heylig geyst vom hymel."[28]

Der Zusammenhang von Reformation und dem Verfall des allgemeinen Bildungsgedankens insbesondere in den 20er Jahren des 16. Jahrhunderts, also mit dem Beginn der Reformation, ist in der Forschung kontrovers diskutiert worden. Der allzu früh verstorbene und anerkannte Bildungs- und Wissenschaftshistoriker Arno Seifert hat in seiner umfangreichen und detaillierten Darlegung der Bildungsgeschichte des 16. Jahrhunderts eine Bilanz dieser Diskussion gezogen.[29] 1523 ließ der berühmte Erfurter Humanist Eobanus Hessus, auf den Ruinen der eben noch blühenden Universität, eine Briefsammlung *De non contemnendis studiis humanioribus futuro theologo maxime necessariis* erscheinen, in der er nun nicht mehr – wie unter Humanisten üblich – gegen die Scholastiker polemisierte, sondern gegen lutherische Prädikanten, die zum Niedergang der Bildung beitrügen. Luther reagierte abwiegelnd, Melanchthon hingegen sah in der Verachtung der Dichtung den „bevorstehenden Ruin der Wissenschaften". Zwei Jahre zuvor hatte ein ‚Pfaffensturm' die Erfurter Universität schwer in Mitleidenschaft gezogen. Die Universität, die im Mittelalter eine bevorzugte Studienstätte in Europa war, hat sich von dieser Krise nie mehr erholt, wie Erich Kleineidam in seiner reich dokumentier-

---

[28] Ebd. 452f. Näheres zu Karlstadt: Thomas Kaufmann, Reformatoren, Göttingen 1998, 59f.
[29] Vgl. zum Folgenden ausführlich: Arno Seifert, Das höhere Schulwesen. Universitäten und Gymnasien, in: Notker Hammerstein (Hg.), Handbuch der deutschen Bildungsgeschichte, Bd. 1: 15. bis 17. Jahrhundert. Von der Renaissance und der Reformation bis zum Ende der Glaubenskämpfe, München 1996, 197-374, hier 256-258.

ten Geschichte der Universität Erfurt belegt.[30] Wittenberg nahm in Folge der bildungsfeindlichen Agitation Karlstadts eine ähnliche Entwicklung, die erst durch die Rückkehr Luthers von der Wartburg beendet wurde. Einige Zahlen belegen die Krise: die Zahl der Immatrikulationen in Deutschland sank in der Zeit zwischen 1520 und 1530 auf etwa ein Drittel und erreichte erst wieder um 1550 die alte Höhe. Manche Universitäten konnten sich wieder in den 30er Jahren erholen, andere wie etwa Köln und Greifswald erreichten nie mehr ihren vorreformatorischen Zustand. Erasmus polemisierte, wo immer das Luthertum herrsche, seien die Wissenschaften zugrunde gegangen. Melanchthon war noch 1557, in einer Zeit, als sich die protestantischen Universitäten längst wieder erholt hatten, voller Selbstzweifel, ob nicht der „drohende Untergang der Wissenschaften durch unsere Schuld herbeigeführt"[31] worden sei. Dieser Niedergang der Bildungslandschaft hatte schließlich vor den altkirchlichen Universitäten – wie schon die Beispiele Erfurt und Köln zeigen – keinesfalls Halt gemacht, sondern noch länger währende Folgen gezeigt.

3.

Mit einer solchen kritischen Bilanz des Verhältnisses von Reformation und dem Bildungsgedanken ist jedoch nur die eine Hälfte der Geschichte betroffen. Der moderne, europäische Bildungsgedanke hat seinen eigentlichen Ursprung im italienischen Humanismus.[32] Im Unterschied zum mittelalterlichen Bildungsgedanken, der einer innerweltlichen Bildung nur einen geringen Eigenwert beigemessen hatte, wird dieser nunmehr im Humanismus ausdrücklich bejaht. An die Stelle einer ‚reduc-

---

[30] Erich Kleineidam, Universitas Studii Erffordensis. Überblick über die Geschichte der Universität Erfurt im Mittelalter 1392-1521. Teil II: 1460-1521 (EThSt 22), Leipzig 1969, bes. 178-269.
[31] Seifert, Das höhere Schulwesen, 258.
[32] Vgl. zum Folgenden: August Buck, Der italienische Humanismus, in: Hammerstein (Hg.), Handbuch der deutschen Bildungsgeschichte, 1-56.

tio artium ad theologiam' – so ein fast gleichlautender Traktat von Bonaventura *De reductione artium ad theologiam*, verfasst zwischen 1255 und 1257, in dem alles Weltwissen auf die Theologie hingeordnet war – tritt nunmehr eine ,reductio artium ad humanitatem'. Der italienische Humanismus hatte aus der Antike die Idee der Erziehung des Menschen zu seiner wahren Form, und zwar der *humanitas* gewonnen, die durch die Vervollkommnung jener Anlage erreicht wird, die den Menschen vom Tier unterscheidet: der Sprache. Sprache stiftet Gemeinschaft, ermöglicht die Verwirklichung von Gerechtigkeit, sie lehrt einen sittlichen Umgang und gegenseitiges Wohlwollen unter den Menschen. Sein zentraler Bildungsbegriff waren die *studia humanitatis*, also jene Studien, die den Menschen erst zum Menschen machen. Eine besondere Rolle spielte dabei von Anfang an die Rhetorik, die in der Überzeugung gegründet ist, dass Ordnung der Rede auch Ordnung des Geistes heißt, dass also richtiges Sprechen richtiges Denken und dann auch richtiges Handeln zur Folge hat.

Ausgehend von dieser allgemeinen Bestimmung des humanistischen Bildungsgedankens, das diesen ausrichtet auf die Ausformung der *humanitas*, die gerade das Wesen des Menschen auszeichnet gegenüber allen anderen Lebewesen, sollen hier wenigstens in Skizzen die Leitlinien dieses Bildungsgedankens gezeichnet werden:

Die Humanisten setzten sich in ein geradezu persönlich verstandenes Verhältnis zur Antike (Korrespondenz), zunächst zur römischen, dann aber auch zur griechischen. Das heißt, die idealtypisch begriffene Vergangenheit wird zum Leitbild einer Gestaltung der eigenen Gegenwart. Philosophisch bildet sich innerhalb einer solchen Sicht auf die Vergangenheit die Tradition einer Philosophia perennis aus, die, beginnend in den 900 Thesen von Giovanni Pico della Mirandola aus dem Jahr 1486, in denen er die Übereinstimmung aller Philosophien mit der Religion nachzuweisen versucht, über Annius von Viterbos Versuch, die biblische Geschichte historiographisch zu rekonstruieren (*Antiquitatum variarum volumina*, 1498), bis hin zu dem dann gleichnamigen Traktat von Agostino Steuco *De pe-*

renni philosophia, 1540.[33] Die Grundidee dieser Tradition ist so einfach wie genial zugleich: die ursprüngliche Schöpfungsweisheit ist durch den Sündenfall verlorengegangen, über Noah aber den Völkern überliefert, wo sie in der Geschichte wieder aufgerichtet wird. Die ältesten Überlieferungen sind daher die vollkommeneren, weil sie näher an der ursprünglichen Schöpfungsweisheit heranreichten.

Vor diesem Hintergrund kommt der Kenntnis und dem Studium der alten Sprachen, Latein und Griechisch, eine herausragende Bedeutung zu. Ausgehend von der Cicero-Relektüre Francesco Petrarcas, dem ‚Vater des Humanismus', ging es nicht einfach um die Beherrschung dieser Sprache als Werkzeug, sondern um ihre ästhetischen Qualitäten. In ganz Europa führte diese neue Perspektive zu einer umfassenden Rekonstruktion der antiken Sprach-, Text- und Lebenswelten mit dem Ziel[34], das Leben im Sinne der *humanitas* spürbar zu verbessern (Ciceronianismus-Debatte[35]). Seit dem Ende des 14. Jahrhunderts, vor allem aber im Umkreis der Konzilien von Konstanz (1415-1416) und Basel-Ferrara-Florenz (1431-1445), und dann nach dem Fall von Konstantinopel gelangten griechisch sprechende Byzantiner nach Italien, wo sie Griechisch-Schulen gründeten, in denen sich die Humanisten nunmehr auch die antiken Schriften in griechischer Sprache erschließen konnten (ad fontes).[36]

Da die *humanitas* im Mittelpunkt des humanistischen Bildungsgedankens steht, bevorzugen die Humanisten vor allem die praktischen Wissens- und Bildungsformen der Antike. Rezipiert

---

[33] Ausführlich hierzu: Günter Frank, Art. Christentum/Kirche, in: DNP. Suppl. 9 (2014) 214-231, hier 224-226; Ders., Philosophia perennis als christliche Einheits- und Universalwissenschaft, in: Herbert Jaumann/Gideon Stiening (Hg.), Neue Diskurse der Gelehrtenkultur der Frühen Neuzeit. Ein Handbuch, Berlin – New York 2016, 319-343.

[34] Elisabeth Stein, Art. Latein, in: EdN 7 (2008) 624-630.

[35] Jörg Robert, Die Ciceronianismus-Debatte, in: Jaumann (Hg.), Diskurse der Gelehrtenkultur, 1-54.

[36] Ausführlich hierzu: Günter Frank, Philipp Melanchthon und die europäische Kulturgeschichte, in: Ders./Sebastian Lalla (Hg.), Fragmenta Melanchthoniana, Bd. 2: Gedenken und Rezeption – 100 Jahre Melanchthonhaus, Ubstadt – Weiher u. a. 2003, 133-146, hier bes. 135-141.

werden die praktische Philosophie des Aristoteles, Platos ‚Republik' oder auch die staatsphilosophischen Schriften Ciceros. Dem entspricht die intensive Diskussion unter Humanisten in der Frage, welcher Lebensform der Vorzug gegeben werden soll, der vita activa oder der vita contemplativa. Die Mehrheit der Humanisten entschied sich für die lebens- und weltgestaltende vita activa.[37]

Die Ausrichtung aller Bildung auf die *humanitas* führte gleichzeitig zu einer weiten Kritik am mittelalterlichen Wissenschaftsverständnis. Diese Kritik richtete sich nicht nur gegen die drei höheren Fakultäten Medizin, Jurisprudenz und Theologie, sondern auch gegen die propädeutische Artistenfakultät (artes liberales). Kritisiert wird alles Wissen, das nur zum Selbstzweck zu erlangen versucht wird und das nicht den Menschen als solchen fördert. Kritisiert wurde die Theologie, weil sie mit zu viel Logik und Philosophie betrieben wurde, wie auch spätmittelalterliche Logik (Suppositionslogik, grammatica speculativa[38]), in der die Humanisten nutzlose Spitzfindigkeiten sahen.

Das System, in dem die Humanisten die Bildung organisiert hatten, waren die *studia humanitatis*. Schlüsseldisziplinen der Erneuerung waren die Grammatik als notwendige Voraussetzung für Exegese und Textkritik und die Rhetorik, wie sie dem humanistischen Sprachideal entsprach. Ergänzt wurden die „sieben freien Künste" durch die Poetik, die im Studium von antiken Musterautoren und poetologischer Schriften bestand, und der Geschichte, der noch einmal ein Schlüsselstellung zukam, weil die Humanisten ihr einen besonderen Bildungswert zuschrieben: indem Geschichte als moralische Beispielsammlung interpretiert wird, fungierten die antiken Historiker (Tacitus, Cäsar, Livius, Sallust) als Lehrer der Lebensweisheit ganz nach dem Ideal Ciceros: historia magistra vitae.

---

[37] Vgl. zur auch im Mittelalter anhaltenden Diskussion Maria Bettetini, Francesco D. Paparella. La Felicità nel Medioevo, Louvaine-La-Neuve 2005.
[38] Theo Kobusch, „Grammatica speculativa", in: Tilman Borsche (Hg.), Klassiker der Sprachphilosophie: von Platon bis Noam Chomsky , München 1996, 77-93.

Im italienischen Humanismus entstanden zwei Bildungseinrichtungen, die für Europa richtungsweisend wurden. Einerseits das Gymnasium, das zwischen den Elementarschulen und den Universitäten stand und das in der 1. Hälfte des 14. Jahrhunderts in vielen Städten Italiens entstanden war. Im Unterschied zu Lateinschulen, die der Ausbildung lateinkundiger Bürger für das Stadtregiment dienen sollten, waren Gymnasien zunächst private Gründungen von Humanisten in Form von Internatsschulen (contubernium), so erstmals 1408 in Padua. Auf der Unterstufe lernten Schüler von 7-14 Jahren zunächst Elementargrammatik, die Oberstufe diente der Interpretation antiker Autoren. Mitunter lebten hier Lehrer und Schüler in einer Art Wohngemeinschaft. Die humanistische Akademie als Bildungseinrichtung war etwas völlig Neues. Ende des 14. Jahrhunderts entstanden solche Akademien als gesellige Diskussionszirkel ohne feste Organisation, in denen vor allem literarische Themen erörtert wurden. Bis zum Ende des 16. Jahrhunderts gab es allein in Italien rund 400 solcher Akademien. Die vielleicht bedeutendste Akademie wurde die Accademia Platonica, gegründet von dem Florentiner Neuplatoniker Marsilio Ficino. In dieser Akademie traf man sich in lockerer Form, um die Philosophie Platos zu erörtern. Nach Ficinos Vorstellung verfolgte diese Akademie jedoch einen universalen Bildungsauftrag für Menschen aller Altersstufen und Berufe.

Der eineinhalb Jahrhunderte andauernde Einfluss des italienischen Humanismus auf die nordalpine Welt, vor allem auch auf Deutschland kann kaum überschätzt werden. Über verschiedene Kanäle gelangte der humanistische Bildungsgedanke in die nordalpine Welt. Vermittler waren einerseits Deutsche, die in Italien lebten (Pilger, Kaufleute, Geistliche) oder zum Studium dort weilten, aber auch in Deutschland lebende Italiener, etwa als Gesandte an deutschen Höfen. Auch die Unionskonzilien der ersten Hälfte des 15. Jahrhunderts führten zu einer Vielzahl von Begegnungen zwischen italienischen Humanisten und nordalpinen Gelehrten. Nicht ohne Grund wurde Basel ein Zentrum des Humanismus. Aber auch die Universitäten in Padua (Naturphilosophie, Medizin) und Bologna (Jurisprudenz) waren bevorzugte Studienorte nordalpiner Humanisten. Prominente deutsche Humanisten, die in Italien studiert hatten, waren Rudolph Agricola, Albrecht von Eyb, Willibald Pirckheimer, Konrad Celtis, Konrad Peutinger und Johannes Reuchlin. Viele beschäftigten sich neben ihrem Hauptstudium mit den *studia humanitatis* und brachten Schriften antiker Autoren mit nach Hause. Nach der Heimkehr der humanistischen Wanderlehrer wurden die *studia humanitatis* nicht ohne Probleme auch teilweise in den Lehrbetrieb deutscher Universitäten integriert.

4.

In den Jahrzehnten an der Schwelle zum 16. Jahrhundert, als sich der humanistische Bildungsgedanke auch nördlich der Alpen durchzusetzen begann, gab es immerhin 15 Universitäten, die von etwa 6000 Besuchern frequentiert wurden.[39] Was studierte man an einer solchen Universität des späten Mittelalters?
Die Grundlage bestand im artistischen Kurs der artes liberales. Die drei Disziplinen des sog. Triviums (Grammatik, Rhetorik, Dialektik) und die vier des Quadriviums (Arithmetik, Geometrie, Astronomie, Musik) galten seit der Aristotelesrezeption im 13. Jahrhundert als Teile der Philosophie. Faktisch wurden jedoch als Hauptdisziplinen Grammatik, Logik und Physik gelehrt, während die übrigen Disziplinen eine mehr oder weniger marginale Rolle spielten. In der Grammatik hörten die Studierenden Vorlesungen über das „Doctrinale" des Alexander de Villa Dei (spätes 12. Jahrhundert), ein lateinisches Lehrgedicht, das in Versform Grundlagen der lateinischen Grammatik vermittelte. Die Rhetorik spielte an der Artes-Fakultät kaum eine Rolle und war auch kein Prüfungsfach. Das zweite Hauptfach bildete die Logik, der die Lektüre der *Summulae logicales* des Petrus Hispanus zugrunde lag. Ergänzt wurde sie durch die scholastische Suppositionslehre. Danach folgten Vorlesungen zur Isagoge des Porphyrius und zu den beiden Analytiken des Aristoteles, also

---

[39] Die Zahlen nach Seifert, Das höhere Schulwesen, 198f.

die Beweis- und Wissenschaftslehre. Die Physik schließlich bildete den Hauptkomplex des Artistenstudiums. Auch hier war die Grundlage Aristoteles, der so in der gesamten Artisten-Fakultät präsent war. Alle anderen Disziplinen mussten demgegenüber zurückstehen.

Die einsetzende Humanismuskritik an dieser Form universitärer Wissensvermittlung war von einer dreifachen Hinsicht gekennzeichnet, einer sprachästhetischen, indem sie die Sprachform kritisierte, einer pädagogischen, sofern sie das Fassungsvermögen der Studierenden überforderte, sowie einer sozialutilaristischen, die ihr praktische Unbrauchbarkeit bescheinigte.

Gegen Ende des 15. Jahrhunderts hielt der humanistische Bildungsgedanke in unterschiedlichen, teilweise sich überlappenden Spielarten Einzug an den Universitäten.[40] Humanistisch war zunächst die Bewegung der Poeten. Humanisten orientierten sich an antiker Poesie und verfassten selbst Gedichte in griechischer und lateinischer Sprache. Sie zogen als ‚Wanderpoeten' durch die Lande und versuchten, an den Universitäten Fuß zu fassen. Um die Jahrhundertwende findet sich schon an vielen Universitäten im Reich ein besoldeter *lector in humanitate*. Zur Lehrverpflichtung der Poeten gehörten Lektüre, Erklärung und Imitation der antiken Dichter. Bereits von seinem Begriff her verstand sich eine solche sprachlich-literarische Bildung als Bildung zur Humanität. Klassikerlektüre vermittelte historische und moralphilosophische Belehrung. Sprachlichkeit war aber ohnehin das ausgezeichnete Merkmal des Menschen und Sprachbildung folgerichtig Menschenbildung. Sprache macht den Menschen kommunikationsfähig und konstituiert auf diese Weise das Leben der Gesellschaft. Dieses Bildungsideal, das sich also an der sprachlich-literarischen Bildung orientierte, war keineswegs unbestritten. So kehrte der antike Streit zwischen Philosophie und Rhetorik, zwischen Wahrheitsbezug der Erkenntnis und schönem Redeschmuck in den Kreis der Humanisten zurück.[41]

---

[40] Die folgende Einteilung orientiert sich an ebd., 229-235.

[41] Berühmt ist der fiktive Streit zwischen dem Florentiner Pico della Mirandola und dem venezianischen Humanisten Ermolao Barbaro um den Vor-

Im Zusammenhang dieser Kritik an dem mangelnden Wahrheitsbezug bloß schöner Rede der ‚poetae' entwickelten Humanisten einen umfassenden Philosophiebegriff, der auf die Praxis, d. h. auf die Weltgestaltung bezogen war und der gleichermaßen im Gegensatz zu den logischen Spitzfindigkeiten der Scholastik stand. Der erste nordalpine Humanist, der einen solchen umfassenden, praktischen Philosophiebegriff entwickelt hatte, war Rudolph Agricola.[42] Agricola hatte in seiner in Ferrara gehaltenen Inauguralrede *Laus philosophiae* aus dem Jahr 1476 die Würde der Philosophie gerade darin gesehen, dass sie das Ewige und Himmlische zum Gegenstand habe. Philosophie ist danach Inbegriff aller dem Menschen möglichen Erkenntnis überhaupt. Erasmus von Rotterdam hatte einen solchen universalen Philosophiebegriff als Philosophia Christi, bzw. als Philosophia christiana konzipiert und damit – unter Rückgriff auf die Kirchenväter – eine Lebensform im Blick, die gleichermaßen den Regeln des Neuen Testaments als auch der Lebensform der Kirchenväter entspricht.[43] Auch Melanchthon griff auf diese Idee einer Philosophie als einer universalen, auf das Leben des Menschen bezogenen Wissenschaft zurück.[44] Schon in seiner Tübinger Rede über die artes liberales aus dem Jahr 1517 bezeichnete Melanchthon die sieben Fächer der Artistenfakultät,

---

rang der Philosophie gegenüber der Rhetorik, den noch Melanchthon zum Anlass genommen hatte, seinerseits den Vorrang der Rhetorik zu verteidigen. Vgl. hierzu: Quirinius Breen, The Subordination of Philosophie to Rhetorik in Melanchthon. A Study of his Reply to G. Pico della Mirandola, in: ARG (1952) 13-25; Ders., Melanchthons Reply to G. Pico della Mirandola, in: JHI 13 (1952) 413-426.

[42] Vgl. hierzu Jürgen Blusch, Agricola als Pädagoge und seine Empfehlung „De formando studio", in: Wilhelm Kühlmann (Hg.), Rudolf Agricola: 1444-1485. Protagonist des nordeuropäischen Humanismus zum 550. Geburtstag, Bern u. a. 1994, 355-385.

[43] Vgl. hierzu: Georges Chantraine, „Mystère" et „Philosophie du Christ" selon Erasme. Étude de la lettre à P. Volz et de la „Ratio verae theologiae" (1518), Namur u. a. 1971 (BFPLN); Jerzy Dománski, On the Patristic Sources of „Philosophia Christi": Erasmiana Cracoviensia, Krakau 1971, 87-102.

[44] Ausführlich hierzu Günter Frank, Einleitung: Zum Philosophiebegriff Melanchthons, in: Ders./Felix Mundt (Hg.), Der Philosoph Melanchthon, Berlin 2012, 3-10.

ergänzt durch Poetik und Geschichte, also die disciplinae humanae ausdrücklich als Philosophie.[45] Einen solchen universalwissenschaftlichen Philosophiebegriff hatte Melanchthon dann noch einmal ausführlich in seiner Rede *Über die Philosophie* aus dem Jahr 1536 entfaltet.[46]

Neben einem solchen philosophischen Humanismus setzte sich jedoch auch ein philologischer Humanismus durch.[47] Aufgrund ihrer Sprachkompetenz, vor allem auch der nunmehr durch die Byzantiner dem lateinischen Westen erschlossenen griechischen Sprache edierten und emendierten die Humanisten alle namhaften antiken Schriften, die fortan zum frühneuzeitlichen Bildungskanon zählen sollten: Aristoteles, Platon, die Stoa, Cicero, Lukrez – um nur einige zu nennen. Bis 1520 sind fast alle antiken Schriften der Literatur und Philosophie den europäischen Gelehrten neu erschlossen.[48]

5.

In dieser Welt der Humanisten ist Philipp Melanchthon seit seiner frühesten Studienzeit groß geworden. Schon in seiner Heidelberger Studienzeit von 1509 bis 1512 besuchte er die Artistenfakultät und schloss am 10. Juni 1511 diese Studien mit dem Grad eines Baccalaureus artium ab. Vor allem in Tübingen, wo er am 25. Januar 1514 die Magisterprüfung abgelegt hatte, studierte Melanchthon Scholastiker wie auch Humanisten, intensivierte seine Griechisch- und Hebräisch-Kenntnisse, las

---

[45] MSA 3, 38f.

[46] CR 11, 278-284; eine deutsche Übersetzung findet sich in: Melanchthon deutsch, Bd. 1 (hrsg. von Michael Meyer, u. a.), Leipzig 1997, 125-135.

[47] Arno Seifert spricht hier von einem „humanistischen Aristotelismus". Dieser Begriff scheint mir jedoch zu eng, denn die philologischen Bemühungen der Humanisten waren keinesfalls auf Aristoteles und dessen Werk beschränkt.

[48] Hierzu Frank, Art. Christentum/Kirche, bes. 215-218; Dieter Mertens, Deutscher Renaissance-Humanismus, in: Humanismus in Europa (hrsg. von der Stiftung „Humanismus heute" des Landes Baden-Württemberg), 1998, 187-210.

antike Autoren, widmete sich der Rhetorik und Poesie, schrieb –
ganz in der Art der Humanisten – griechische Gedichte und
machte sich durch seine im März 1516 erschienene Terenz-
Ausgabe, der er eine bedeutende Vorrede voranstellte, unter
den führenden Humanisten einen Namen.[49]
Melanchthon hatte seine eigenen Studien und Erfahrungen in
Tübingen zusammengefasst in seiner berühmten Wittenberger
Antrittsvorlesung *De corrigendis adolescentiae studiis* (Über die
Notwendigkeit, die Studien der Jugend grundlegend neu zu
gestalten), die er am 28. August 1518 an der Universität gehalten hatte.[50] Melanchthon, als Gräzist nach Wittenberg berufen,
präsentiert sich in dieser Vorlesung ganz als ein Vorkämpfer des
Humanismus. ‚Renascentes Musae', ‚studium litterarum
renascentium', ‚renascentia studia' – das sind die Leitbegriffe
seines Bildungsgedankens. An der Scholastik kritisiert er, dass
ihr die Kenntnis der Mathematik verlorengegangen, die aristo-
telische Philosophie von schlechten Übersetzungen und die
Theologie durch Unkenntnis der griechischen Sprache verdor-
ben seien. Sein Reformprogramm zielt nicht auf eine bestimmte
Schule, sondern „aus den besten Autoren wähle das Beste,
sowohl was die Kenntnis der Natur als auch die sittliche Bildung
betrifft."[51] Grundlage hierfür ist die Kenntnis der griechischen
Sprache, um mit ihrer Hilfe in den Humanwissenschaften voran-
zukommen, als deren antike Vorbilder er die Ethik des Aristoteles, Platons „Gesetze", Homer und unter den lateinischen Dich-
tern er Vergil und Horaz empfiehlt. Gleichzeitig empfiehlt er das
Studium der Geschichte, die Beispiele für moralisches Verhalten
im privaten und öffentlichen Leben, in Rechtsprechung und

---

[49] Zu Melanchthons früher Studienzeit in Tübingen vgl.: Sönke Lorenz u. a.
(Hg.), Vom Schüler der Burse zum „Lehrer Deutschlands". Philipp Melanchthon in Tübingen, Tübingen 2010; Der frühe Melanchthon und der Humanismus: Pirckheimer Jahrbuch für Renaissance- und Humanismusfor-
schung (2011); Heinz Scheible, Melanchthon. Vermittler der Reformation,
München 2016, 24-33.
[50] Eine deutsche Übersetzung findet sich in: Melanchthon deutsch, Bd. 1
(hrsg. von Michael Beyer u. a.), Leipzig 1997, 41-63.
[51] CR 11, 22.

Politik bietet. Der Theologe bedarf zusätzlich der Kenntnis des Hebräischen, um die Quellen verstehen zu können. Melanchthons Reformprogramm seiner Antrittsvorlesung entspricht mithin ganz dem Bildungsgedanken, wie er unter italienischen und deutschen Humanisten ausgeprägt worden war. Gleichwohl konnte er nicht verhindern, dass in den zwanziger Jahren des 16. Jahrhunderts jene allgemeine Bildungskrise heraufzog, auf die bereits oben hingewiesen wurde. In einem Antwortschreiben an den berühmten Erfurter Humanisten Eobanus Hessus vom 29. März 1523[52], dem dessen besorgte Feststellung vorausging, dass durch die Wittenberger Theologen die Wissenschaften Schaden nähmen oder schon zusammengebrochen seien und dass dadurch die Deutschen zu schlimmeren Barbaren würden als je zuvor, versicherte Melanchthon, dass er selbst diesem Niedergang durch sein Bemühen der humanistischen Wissenschaften entgegentrete. Kurz zuvor hatte er seinen humanistischen Bildungsgedanken noch einmal eindrucksvoll in einer Rede, dem sog. *Encomium eloquentiae* dargelegt und hier u. a. den bildungsästhetischen Aspekt der Sprache hervorgehoben.[53] Seine Überlegungen, dass die sprachlich-literarischen Studien das Nützlichste überhaupt seien, verdeutlicht er hier an zwei Aspekten: Einerseits lerne man durch sie, seine Gedanken klar auszudrücken. Dadurch werde andererseits der menschliche Geist geschult, so dass man die Dinge besser versteht, denn die Fähigkeit, gut zu reden, und das Urteilsvermögen des menschlichen Geistes hängen wesensgemäß zusammen.

Diese von Melanchthon vorgestellten Reformmaßnahmen wurden auch durch eine umfangreiche Universitätsreform durchzusetzen versucht, als er im Wintersemester 1523/24 erstmals zum Rektor erwählt wurde. Es waren vor allem zwei Hauptanliegen, die er durch eine neue Studienordnung zu verankern suchte: Die Ausbildung der sprachlichen Fähigkeiten durch

---

[52] MBW 273.
[53] Lob der Beredsamkeit. Encomium eloquentiae, 1523, in: Melanchthon deutsch, Bd. 1, 64-91.

Deklamationen und die Durchsetzung eines geordneten Studiengangs, insgesamt also eine Stärkung gerade der Artistenfakultät. Melanchthons Bedeutung für die Erneuerung des humanistischen Bildungsgedankens auch im Kontext der reformatorischen Theologie ist in der Vergangenheit häufig untersucht und dargestellt worden.[54] Man kann mit Christoph Strohm sogar urteilen, „nicht zuletzt Melanchthon ist es zu verdanken, dass Luthers Konzentration auf die Soteriologie nicht zu einer ‚Weltlosigkeit' und Bildungsfeindlichkeit des Protestantismus führte."[55] Mit Melanchthon hat sich mithin der humanistische Bildungsgedanken in der reformatorischen Bewegung durchgesetzt. Und in dieser Hinsicht hatten die Veranstalter des Themenjahres ‚Reformation und Bildung' 2010 völlig Recht, dass sie diesen Zusammenhang nicht unter dem Namen Martin Luthers, sondern dessen Wittenberger Kollegen Philipp Melanchthon firmieren ließen.

---

[54] Hier können nur einige grundlegende Studien genannt werden: Heike Lindner, Melanchthons Bildungsentwürfe im Rahmen der frühen Neuzeit und heutiger Diskussion, in: Staat, Religion, Bildung. Reformatorisches Erbe vor den Herausforderungen einer säkularen Gesellschaft. 2. Thüringer Melanchthon-Tag 2010, Weimar 2011, 46-62; Heinz Scheible, 1986. „Melanchthons Bildungsprogramm", in: Ebernburg Hefte 20 (1986) 21–35, 181–195 (wiederabgedruckt in: Melanchthon und die Reformation. Forschungsbeiträge [hrsg. von Gerhard May und Rolf Decot], Mainz 1996, 99–114). Markus Wriedt, „Pietas et Eruditio". Zur theologischen Begründung der Bildungsreform bei Philipp Melanchthon, in: Johanna Löhr (Hg.), Dona Melanchthoniana. FS Heinz Scheible, Stuttgart 2001, 501-520; Ders., „Humanistische Reform – evangelische Reformation". Melanchthons Beiträge zu den Reformen der Wittenberger Universität zwischen 1518 und 1536 und deren theologische Begründung, in: Matthias Asche u. a. (Hg.), Die Leucorea zur Zeit des späten Melanchthon. Institutionen und Formen gelehrter Bildung um 1550, Leipzig 2015, 117-148; Ders., Bildung, Schule, Universität, in: Günter Frank (Hg.), Melanchthon-Handbuch, Berlin 2017.
[55] Christoph Strohm, Jurisprudenz, in: Ebd., 503.

6.

Historisch ist es jedoch nicht richtig anzunehmen, dass die reformatorische Bewegung in Wittenberg dieses Erbe des humanistischen Bildungsgedankens überliefert und erneuert habe und gerade darin der reformatorische Impuls für die neuzeitliche Bildung liege. Auch in der römischen Welt – nicht anders übrigens als in den reformierten Territorien[56] – wurde dieses Erbe aufgegriffen und wurde auf diese Weise Grundlage für eine tiefgreifende Erneuerung der Bildungsinstitutionen.[57] Zwar verharrten die nach der Reformation sieben verbliebenen katholischen Universitäten in der Mitte des 16. Jahrhunderts, als in den evangelischen Territorien längst die neuen Bildungsreformen gegriffen hatten, noch in einer tiefen Krise. Schon vor der Jahrhundertmitte setzte sich in den katholisch gebliebenen Territorien das Bewusstsein durch, die Kirche und in ihrem Dienst das höhere Schulwesen zu reformieren. Gerade die Klage über den Mangel an gut ausgebildeten Pfarrern und Schulmeistern, die bei dem Naumburger Bischof Julius Pflug 1541 in die Klage gemündet hatte, „bei dieser Priesterknappheit sehe ich nicht, wie wir die Kirchen bewahren können, wenn die Schulen nicht gut geordnet waren"[58], wurde selbst zum Ausgangspunkt einer katholischen Bildungsreform. Es waren die Jesuiten, denen in der Neuordnung des katholischen Schulwesens eine herausragende Bedeutung zukam. Bis zum Ende des 16. Jahrhunderts lagen das gesamte gymnasiale und große Teile des universitären Schulwesens im katholischen Deutschland in ihrer Hand. Die Grundlagen des jesuitischen Bildungsgedankens waren in der jungen Ordenskonstitution des Jahres 1550 bereits kodifiziert. Die berühmte *ratio studiorum* des Jahres 1599, die

---

[56] Vgl. hierzu: Stefan Ehrenpreis, Programm und Praxis reformiert-calvinistischer Bildung in der Frühen Neuzeit, in: Spehr (Hg.), Reformation heute, 34-51. Ehrenpreis legt sogar die Annahme nahe, dass möglicherweise die reformierten Territorien ‚erfolgreicher' in der Erneuerung des Bildungswesens gewesen seien als die lutherischen Territorien.

[57] Ausführlich hierzu Seifert, Das höhere Schulwesen, 312-332.

[58] Zit. in ebd. 314.

verbindlich wurde für alle jesuitischen Bildungseinrichtungen, hatte diese in Einzelheiten ergänzt, aber im Wesentlichen nicht verändert.[59] Das erste Kolleg wurde bereits 1548 in Sizilien gegründet. 1556, als Ignatius von Loyola starb, gab es bereits 33 Kollegs. Kollegs gab es neben Sizilien in Italien, Spanien, Portugal, Österreich, Böhmen, Frankreich und Deutschland. 1581 gab es bereits 150 Kollegs, 1599, als die *ratio studiorum* veröffentlicht wurde, unterhielt der Orden bereits 245 Kollegs. Die Zahl steigerte sich bis 1626 auf 441, bis 1749 auf 669. In Frankreich, wo es 92 Kollegs gab, wurden ca. 40.000 Schüler unterrichtet. Nicht wenige Gelehrte der frühen Aufklärungszeit waren Schüler solcher Jesuiten-Kollegien: Descartes, Bossuet, Molière, Montesquieu und Voltaire.[60]

Ursprünglich waren die jesuitischen Kollegs als ein Schulinternat gedacht, das dem eigenen Ordensnachwuchs dienen sollte. Es stand jedoch auch externen Schülern offen. Gerade diese Öffentlichkeit war es, die die Jesuitenkollegien zur klassischen katholischen Gelehrtenschule der Frühen Neuzeit werden ließ. Das führte übrigens auch dazu, dass die katholische Jugend in Deutschland wie auch anderswo mehr als zwei Jahrhunderte lang nach einem Lehrplan unterrichtet wurde, der ursprünglich der Ausbildung des Ordensnachwuchses dienen sollte. Im Kern war ein solches Jesuitenkolleg jedoch humanistisch geprägt und unterschied sich in dieser Hinsicht kaum von den Gymnasien der Protestanten. In fünf Klassen lernte man in den ersten drei Grammatik, in der vierten die humanitas, also antike Literatur (vor allem Cicero), und in der fünften Klasse Rhetorik, in der auch Griechisch unterrichtet wurde. Daran schloss sich ein dreijähriger Philosophiekurs an, der als dritte Stufe der Vollausbildung durch das Theologiestudium ergänzt wurde, das in vier Jahren absolviert werden sollte. Der humanistische Bildungsgedanke war damit ganz in das universitäre Curriculum integriert.

---

[59] Die *Ratio studiorum* liegt auch in einer englischen Übersetzung vor: The Jesuit Ratio Studiorum of 1599, Translated into English, with an Introduction and Explanatory Notes by Allan P. Farrell, S.J., Washington, D.C. 1970.
[60] Gilbert Highet, The Art of Teaching, New York 1955, 198f.

Epochal war die Durchsetzung des humanistischen Bildungsgedankens in den neuzeitlichen Bildungseinrichtungen noch in
einer anderen Hinsicht, und zwar in der allgemeinen Aufwer-
tung der neu gestalteten Artistenfakultäten, die sich zunehmend als ‚Philosophische Fakultät' verstand.[61] Schon früh begegnet die Bezeichnung *doctor philosophiae* für den Magisterti-
tel. Darin zeigte sich schon der Anspruch der Gleichbehandlung,
wenn nicht gar des Vorrangs humanistisch-philosophischer
Bildung gegenüber den drei anderen, höheren Fakultäten. Zwar
blieb sie noch lange Propädeuticum auch für die theologische
Fakultät. Dennoch war es für die neuzeitliche Universitäts-
geschichte von großer Bedeutung, dass sich die alte *facultas artium*, wie sie einmal Fundament der drei höheren Fakultäten
war, zu einer Fakultät eigener Art umgebildet hatte, die diesen
gleichgestellt wurde und damit ihren akademischen Charakter
noch verstärkte.

---

[61] Vgl. hierzu die Hinweise bei Seifert, Das höhere Schulwesen, 261f.

» Hat Bildung eine Konfession?

Glaube, Vernunft und Bildung zwischen gemeinsamer theologischer Tradition und neuzeitlicher Konfessionalisierung

Johanna Rahner

1. Das 19. Jahrhundert als konfessionalistische Meistererzählung

Wer Glaube, Vernunft, Bildung und Konfession zum Thema macht, bekommt es recht schnell mit einer erstaunlichen Dynamik konfessioneller Ursprungsmythen zu tun. Der Mythos des protestantisch-liberalen Bildungsbürgertums und der intellektuellen Inferiorität eines lehramtshörigen Katholizismus bricht sich hier mit Vehemenz Bahn – beides Attribute einer bis heute höchst wirksamen, wenngleich äußerst fraglichen Meistererzählung. Wie kaum ein anderes Motiv prägen sie – unbewusst oder bewusst – auch die aktuellen, konfessionellen Identitäten, obgleich sie letztlich als eine Erfindung des 19. Jahrhunderts identifiziert werden können und damit als ein Produkt des sog. ‚zweiten konfessionalistischen Zeitalters‘ zu entlarven sind: „Die ‚katholische Inferiorität‘ [...] ist geradezu ein prototypisches Produkt dieses konfessionalistischen Denkens: Bestimmte gesellschaftliche Gruppen bleiben in einem großen Wandlungsprozeß, in positiver Wertung als ‚Fortschritt‘ bezeichnet, zurück, und ihre ‚Rückständigkeit‘ wird nicht primär auf z.B. soziale oder ökonomische, sondern auf konfessionelle Einflüsse reduziert"[1].
Die Grundkoordinaten dieser konfessionalistischen Großerzählung kennen Sie alle; ich möchte sie daher nur kurz und etwas plakativ in Erinnerung rufen:

---

[1] Martin Baumeister, Parität und katholische Inferiorität. Untersuchungen zur Stellung des Katholizismus im Deutschen Kaiserreich, Paderborn 1987, 75.

Im 19. Jahrhundert, der Hoch-Zeit der Ausbildung der Moderne, steht ein liberales, städtisch geprägtes, aufgeklärtes und vor allem protestantisches Bildungsbürgertum einem ultramontan orientierten, kirchlich-autoritativ gebundenen, eher agrarisch-ländlich ausgerichtete Schichten repräsentierenden, intellektuell inferioren Katholizismus gegenüber. Kurz: Der katholische Bildungsbürger ist im Mainstream des 19. Jahrhunderts eine contradictio in adiecto. „Für den liberalen Zeitgeist galten, in bildungsbürgerlicher Überheblichkeit, Kirche und Katholiken als unaufgeklärt, ungebildet und ‚rückständig', als zivilisationsfeindlich und inferior im Vergleich zum Protestantismus."[2]
Diese Gegenüberstellung wird durch historische Details allenfalls differenziert, nicht aber grundlegend in Frage gestellt. Ohne Anspruch auf Vollständigkeit wären dies:
Die sich politisch nach dem Wiener Kongress abzeichnende ‚kleindeutsche Lösung' für eine zukünftige politische Struktur des Deutschen Reiches impliziert notwendig eine grundlegende Veränderung der Konfessionsverhältnisse im Deutschen Reich, verbunden ist diese aber zugleich mit einer politisch motivierten Marginalisierung des Katholizismus,[3] die am Ende zum ‚Kulturkampf' als „Bismarcks ‚Präventivkrieg' gegen [...] die katholi-

---

[2] Rudolf Morsey, Der Kulturkampf. Bismarcks Präventivkrieg gegen das Zentrum und die katholische Kirche, in: Manfred Weitlauff (Hg.), Kirche im 19. Jahrhundert, Regensburg 1998, 163-185, hier 164.

[3] Vgl. dazu die Ausführungen des ‚preußisch-protestantisch-kleindeutschen Geschichtsschreibers' Heinrich von Treitschke: „Und doch war der Umsturz eine große Nothwendigkeit; er begrub nur was todt war, er zerstörte nur was die Geschichte dreier Jahrhunderte gerichtet hatte. [...] Die fratzenhafte Lüge der Theokratie war endlich beseitigt. Mit den geistlichen Fürsten stürzten auch das heilige Reich und die Weltherrschaftsansprüche des römischen Kaiserthums zusammen. [...] Durch die Secularisationen wurde auch jene künstliche Stimmenvertheilung beseitigt, welche dem Katholicismus bisher ein unbilliges Übergewicht in der Reichsversammlung verschafft hatte. Die Mehrheit des Reichstags war nunmehr evangelisch, wie die Mehrheit der deutschen Nation außerhalb Österreichs": Heinrich von Treitschke, Deutsche Geschichte im 19. Jahrhundert, 1. Teil, Leipzig 1879, 186f. (zitiert nach: Manfred Weitlauff, Der Staat greift nach der Kirche. Die Säkularisation von 1802/03 und ihre Folgen, in: Ders. [Hg.], Kirche im 19. Jahrhundert, 15-53, hier 33).

sche Kirche" und das ‚Zentrum' als deren ‚verlängerten politischen Arm' führt[4].

Die mit dem Reichsdeputationshauptschluss verbundene Säkularisierung kirchlichen Eigentums, die Aufhebung der geistlichen Fürstbistümer und zahlreicher Klöster entzieht dem Katholizismus zum einen die Basis einer äquivalenten staatlichen und politischen Repräsentation; zugleich verliert er zum anderen einen signifikanten Teil der Ressourcen auf dem Bildungssektor.[5] Aber die neuen Herausforderungen führen auch zu einem Qualitätsschub der Rekrutierung des leitenden kirchlichen Personals und mit ihnen zu einem Innovationsschub der Pastoralpläne, sodass z. B. Johann Adam Möhler wenig später gar von der göttlichen Vorsehung sprechen konnte, die zur Säkularisation geführt hat.[6]

---

[4] So im prägnanten Untertitel des Beitrags von Rudolf Morsey, Der Kulturkampf. Nicht zu unterschätzen dürfte die nachhaltige Beschädigung des Verhältnisses der beiden großen Konfessionen in Deutschland durch den Bismarckschen Kulturkampf sein; u. a. kann man dies an einer Wortmeldung eines Mitglieds des Preußischen Herrenhauses ablesen, man solle dem katholischen Bevölkerungsteil doch am besten die Auswanderung empfehlen (vgl. dazu Morsey, Der Kulturkampf, 185, Fußnote 34).

[5] „Die Aufhebung der Klöster, die Versteigerung und oft Verschleuderung des reichen, kulturell wertvollen Besitzes, etwa der Bibliotheken und sakralen Gerätschaften, vollzog sich nicht selten unter empörenden Greueln, wenn auch die wertvollsten Handschriften und Bibliotheksbestände in die staatlichen Bibliotheken (aber auch in fürstliche Privatbibliotheken) wanderten [...] Die reichen und weithin im späten 18. Jahrhundert regenerierten Bildungsanstalten, darunter 18 katholische Universitäten ... wurden größtenteils aufgehoben oder auf den Status von Lyzeen zur Ausbildung des jeweiligen Bistumsklerus reduziert, nur ein Teil der Universitäten in paritätische Hochschulen umgewandelt. Der Schlag war umso schwerer, da für Deutschland im 19. Jahrhundert das wissenschaftliche Monopol der Universitäten charakteristisch wurde" (Weitlauff, Der Staat greift nach der Kirche, 37f., hier 41).

[6] Zu einer ähnlich positiven Wertung vgl. Benedikt XVI., Ansprache Seiner Heiligkeit Papst Benedikt XVI. an engagierte Katholiken aus Kirche und Gesellschaft, in: Apostolische Reise Seiner Heiligkeit Papst Benedikt XVI. nach Berlin, Erfurt und Freiburg 22.–25. September 2011; Predigten, Ansprachen und Grußworte (Verlautbarungen des apostolischen Stuhls Nr. 189), Bonn 2011, 148.

Spannend ist indes die mit dieser Veränderung verbundene strukturelle

Das Projekt einer katholischen Aufklärung endet in den durch eine übergriffige preußische Staatsmacht vom Zaun gebrochenen Kölner Wirren, durch die der, in seiner eigenen konfessionellen Identität zunehmend verunsicherte, preußische Staat auch durch eine sukzessive Benachteiligung der Katholikinnen und Katholiken die eigene Identität zu sichern versucht, um die kleindeutsche Lösung vorzubereiten und damit den einzig gefährlichen politischen Gegner, der noch verblieben ist, in die Schranken zu weisen.[7] Damit setzt man aber die katholischen Reformkräfte politisch unter Druck und gräbt ihnen kirchenpolitisch das Wasser ab.

Die Bewegung der Romantik – samt ihrer Aufklärungsskepsis, ihrem Antiintellektualismus und dem Hang zur Verklärung des Über-Natürlichen – ist fest in der Hand katholischer Kräfte oder ‚das Katholische' verherrlichender Konvertiten, die das Antiaufklärerische und Antimoderne mit dem wahrhaft Katholischen in eins setzen. Eine legitime, darin zum Ausdruck kommende Abneigung gegen einen sich immer mehr zum Leitkriterium von Wissenschaftlichkeit und Bildung aufschwingenden naturalistischen Rationalismus verfällt mangels Regulativ in das Gegenteil: einen zunehmend (oder prinzipiell?) irrationalen Fideismus. Beide Strömungen – Fideismus und Rationalismus – werden übrigens in der Offenbarungskonstitution des Ersten (!) Vatikanums als ‚unkatholisch' zurückgewiesen und verurteilt!

Dimension: „Überhaupt haben die Revolution und die Säkularisation gerade in Frankreich und Deutschland vor allem jene innerkirchlichen Zwischeninstanzen beseitigt, welcher ein großer Organismus wie die katholische Kirche im Interesse geregelten Machtausgleichs braucht. Es wurden kirchliche Institutionen zerstört, deren Inhaber aufgrund ihrer historischen Eigenständigkeit wie aufgrund ihrer außerkirchlichen Position jene selbstbewusste Unabhängigkeit gegenüber Rom [...] besaßen": Rudolf Lill, Der Ultramontanismus. Die Ausrichtung der gesamten Kirche auf den Papst, in: Weitlauff (Hg.), Kirche im 19. Jahrhundert, 76-94, hier 79.

[7] Der sich in der Folge immer stärker formierende politische Katholizismus und seine Vertreter werden auf diese Erfahrungen der Diskriminierung mit der öffentlich formulierten Forderung nach ‚Parität' entgegentreten; quasi als Spiegelbild zum polemischen Schlagwort von der ‚katholischen Inferiorität' (vgl. dazu Baumeister, Parität, 10 u. ö.).

In seinem Kampf für die Freiheit der Kirche, gegen die Bestrebungen absolutistischer Herrscherhäuser ein regulierendes Staatskirchentum zu etablieren, sieht der sich dynamisch entwickelnde, verstärkt auch politisch agierende Ultramontanismus in einem zentralistischen Papalismus, samt seiner metaphysischen Überhöhung durch eine maximalistisch verstandene Unfehlbarkeitsideologie, die einzige Rettungsmöglichkeit, um sich aus den Wirren der Französischen Revolution und ihren Nachwehen zu befreien und geistig irgendwie wieder festen Boden unter den Füßen zu erhalten. Anstatt sich an die Spitze europäischer Befreiungsbewegungen zu setzen, werden Papst und Kurie – auch durch ihre Verteidigung des schon längst gescheiterten Projekts ‚Kirchenstaat' – zum Vorreiter der politischen Restauration und zum metaphysischen Notnagel der politisch Verunsicherten: Der König ist tot, es lebe die Unfehlbarkeit!

Die freiwillige Unterwerfung unter einen Lehramtspositivismus, ein autoritär-hierarchisches Offenbarungsverständnis und ein dadurch häufig erzwungenes *sacrificium intellectus* – die sich mit der ultramontanen Selbstinszenierung nahtlos verbinden – führen sukzessive zur Selbstmarginalisierung, ja selbstverschuldeten Unmündigkeit katholischer Wissenschaftler. „Ein in Gehorsam gegen die Kirche verbleibender Katholik ist nicht imstande den Postulaten wissenschaftlichen Denkens und Forschens zu entsprechen."[8] Nur mit Mühe und in kleinen, vorsich-

---

[8] Vgl. Christopher Dowe, Auch Bildungsbürger: katholische Studierende und Akademiker im Kaiserreich, Göttingen 2006, 231. Zu analogen Diskriminierungserfahrungen der preußischen Staatsbeamten z. B. im Großherzogtum Baden vgl. die Äußerung Heinrich Köhlers, des badischen Zentrumsministers der Weimarer Zeit und Finanzministers der Anfangsjahre der Bundesrepublik: „Die Zurücksetzung der Katholiken in Staat und Gemeinden war bei uns am ausgeprägtesten. Ein gläubiger Katholik war ungeeignet an allen leitenden Stellen des Landes; lieber nahm man Vorlieb mit einem nichtkatholischen Dummkopf, als daß man einem praktizierenden Katholiken einen verantwortlichen Posten, und sei es auch nur derjenige eines Nachtwächters gewesen, anvertraute" (Heinrich Köhler, Erinnerungen eines Politikers und Staatsmannes 1878-1949, hrsg. v. J. Becker, Stuttgart 1964).

tigen Schritten kann diesem Vorurteil durch die Etablierung einer ‚katholischen Wissenschaft' – so der Programmbegriff der genau dazu gegründeten Görres-Gesellschaft – entgegen getreten werden. Zugleich verbindet sich damit eine innerkatholische Diskussion um die Gründe eines real existierenden katholischen ‚Bildungsdefizits', die dann in der „Geringschätzung und Vernachlässigung nichttheologischer Wissenschaftsdisziplinen" und einer polemisch-apologetischen Grundeinstellung verortet werden.[9] Zu deren Überwindung gilt es zum einen an der eigenen Glaubwürdigkeit zu arbeiten, so Georg von Hertling: „Ein einziger Gelehrter, der erfolgreich in die Forschung eingreift und der sich zugleich in seinem Leben als treuer Sohn der Kirche bewährt hat, wiegt ganze Bände Apologetik auf."[10] In den Nachwehen der Modernismuskrise wird Karl Muth im Streit um die Zeitschrift Hochland den dazu notwendigen Mentalitätswechsel so beschreiben: „Wir verachten nicht das moderne Leben und seine Errungenschaften, wir ziehen uns nicht zurück ... wir stellen uns bewusst auf den Boden der Moderne [...] aus der Überzeugung heraus: auch die Moderne ist berufen den ewigen Weltenplan erfüllen zu helfen."[11] Zum anderen empfiehlt Hertling ein Nachdenken über den Begriff der Wissenschaftlichkeit, wobei er von der, in der katholischen Tradition festverankerten, grundlegenden Nichtwidersprüchlichkeit von Glaube und Wissen ausgeht.[12] Mit letzterem scheitert er indes aus den beiden nun folgenden Gründen.

---

[9] Vgl. Baumeister, Parität, 42; 50.

[10] Georg von Hertling, Das Princip des Katholicismus und die Wissenschaft. Grundsätzliche Erörterungen aus Anlaß einer Tagesfrage, Freiburg 1899, 61.

[11] Karl Muth in den Akademischen Monatsheften Jg. 22, 1909/10, S. 46; Text bei Dowe, Auch Bildungsbürger, 253.

[12] „Unter katholischer Wissenschaft verstehen wir die Wissenschaft katholischer Gelehrten, welche [...] keine anderen Regeln kennen als die des allgemeinen wissenschaftlichen Verfahrens, welche aber überall da, wo unbeschadet diesen Regeln der Standpunkt des Forschers seinen Ausdruck finden darf oder finden muß, ungescheut die Fahne ihrer aus übernatürlichem Grunde stammenden Glaubensüberzeugung aufpflanzen, fest durchdrungen von dem Satze, daß zwischen Glauben und Wissen kein Widerspruch

Katholische Intellektuelle versuchen vergeblich gegen einen protestantisch okkupierten Wissenschafts- und Bildungsbegriff anzukämpfen, der sich bewusst religiös indifferent, antidogmatisch, antikirchlich, antiautoritär inszeniert, und auf der einen Seite moderne Wissenschaft und Liberalismus, bzw. Kulturprotestantismus, auf der anderen Seite Freiheit (der Wissenschaft) mit der absoluten Ungebundenheit des Individuums und der grenzenlosen Autonomie seines Intellekts gleichsetzt. Der Protestantismus inszeniert sich demgegenüber als „alleiniger Garant werturteilsfreier Wissenschaft"[13].

Die defensive, antimodernistische Positionierung der katholischen Kirche samt der damit verbundenen päpstlichen Verurteilungen von Liberalismus, Glaubens- und Gewissens- und Pressefreiheit, von Demokratie und Gleichberechtigung, von Historismus und Individualismus lässt spätestens mit der Etablierung eines Gesinnungskontrollsystems unter Pius X., samt dem damit verbundenen Antimodernisteneid, letztlich keinen Mittelweg zu. Der hier zum System gewordene ‚Antimodernismus' bestätigt am Ende jedoch nur jene Vorurteile, die der Kulturprotestantismus im 19. Jahrhundert sowieso schon hatte. Auf dieser ‚dunklen Folie' fällt es der Meistererzählung des Kulturprotestantismus leicht, sich selbst exklusiv als kulturelle Elite der bür-

---

möglich ist, solange der Glaube wirklicher, auf göttlicher Offenbarung ruhender Glaube, und das Wissen wirkliches, vor keiner kritischen Prüfung zurückschreckendes, aber auch keiner grundlosen Behauptung Raum verstattendes Wissen ist" (v.Hertling, Princip, 97). Zur zeitgenössischen Kritik vgl. Friedrich Paulsen, Philosophia militans. Gegen Klerikalismus und Naturalismus, Berlin 1908, 87; ebd. 97: „Ich bin der Ansicht, daß der Abstand zwischen dem Geist der modernen Wissenschaft und dem Geist des Katholizismus, jedenfalls dem Geist, wie er jetzt in der Kirche herrschend ist, größer ist, als unser Autor uns zu glauben anleitet. Zwischen dem Prinzip der freien Forschung und dem Prinzip der absoluten Lehrautorität liegt eine unüberbrückbare Kluft. Wer eine absolute Lehrautorität anerkennt, für den gibt es kein Gebiet, in das nicht ihre Entscheidungen hineinreichen. [...] Eine ‚katholische' Wissenschaft ist eine Wissenschaft, die zuletzt nur ja sagen darf zu dem, was die Kirche lehrt. [...] Die Sache steht auf entweder-oder. Wer den Ruhm der Unfehlbarkeit und der alleinseligmachenden Lehre haben will, kann nicht zugleich den Ruhm der Wissenschaft und der freien Forschung haben."
[13] Gangolf Hübinger, Kulturprotestantismus und Politik, Tübingen 1994, 295.

gerlichen Gesellschaft zu inszenieren. Daher ist es kein Wunder, dass immer wieder ‚Kulturkampfstimmungen' die „Erosionsprozesse, denen sowohl der Kulturprotestantismus als auch das ultramontane katholische Milieu permanent und immer stärker ausgesetzt waren", bremsen und so identitätssichernd wirken.[14] Kurz: Ein sich genau an diesem Punkt bewusst neu etablierender Konfessionalismus verhindert im 19. Jahrhundert eine andere Entwicklung; und die eingangs skizzierten Zuschreibungen sind damit Ergebnis konfessioneller Ab- und Ausgrenzungsbewegungen und nicht etwa durch wirklich vorhandene, prinzipielle Wesensunterschiede der Konfessionen in ihrem Verhältnis zu Intellektualität und Bildung zu begründen.

All das nimmt zentralen Einfluss auf die konfessionalisierten Metaerzählungen und prägt bis heute das Verständnis von Bildung und Intellektualität, die ihrerseits identitätsstiftend werden. Für eine angemessene Beschreibung des Verhältnisses von Konfession, Intellektualität und Bildung wäre eine Dekonstruktion dieser Geschichtskonstruktion notwendig. Man müsste fast schon so etwas wie eine Gegengeschichte zur Großerzählung, um nicht zu sagen zum Mythologumenon des 19. Jahrhunderts schreiben. Freilich wird dies nicht geschehen können, ohne am Ende auch Rechenschaft über die echten Fehler und Sackgassen abzulegen, die letztlich das Weiterwirken der Metaerzählungen begünstigt und ihre konfessionell prägende bis heute spürbare Wirksamkeit verstärkt haben.

2. Myth-Busters[15]

Ich will dies zunächst anhand dreier dekonstruierender ‚Gegenerzählungen' − Myth-Busters − zur katholischen Intellektualität

---

[14] Vgl. Richard Faber, Libertäre Katholizität statt traditioneller Katholizismus, in: Ders. (Hg.), Katholizismus in Geschichte und Gegenwart, Würzburg 2005, 9-28, hier 17.

[15] In Anspielung an eine unterhaltsame Science-TV-Sendung, die Wissenschaftsmythen, aber auch spektakuläre Technik- und Filmtricks auf ihren Realitätsgehalt überprüft.

und katholischem Bildungsverständnis tun, um anschließend – wiederum in katholischer Perspektive – die realen Versäumnisse und Engführungen von ihrer Wirkungsgeschichte her in den Blick zu nehmen. Letztere haben lange Zeit dafür gesorgt, dass die Frage des Verhältnisses von Glaube, Vernunft, Bildung doch konfessionell ‚besetzt' war. Ob das indes mit der konfessionalistischen Großerzählung des 19. Jahrhunderts noch etwas zu tun hat, diese Beurteilung überlasse ich gerne anderen!

Myth-Buster 1: Katholische Reform und Jesuitentheater oder: Warum die Reformation auch ein katholisches Bildungsereignis ist

Bildung und Reformation gehören zusammen, Bildung und Katholische Reform ebenso; das ist wiederum ein Zeichen dafür, dass das epochale Ereignis ‚Reformation' auch positiv und konstruktiv zur Identität der Katholischen Kirche gehört. Mit der durch die Bildungsreform Melanchthons[16] eingeleiteten Neuorientierung der theologischen Ausbildung, ja des gesamten Studienprogramms der Universität setzt notwendig auch eine Neubesinnung der katholischen Ausbildungsformen und -anstalten ein. Dabei knüpft die nach dem Konzil von Trient verstärkt ins Werk gesetzte katholische Reform auch an die durch Melanchthon eingeleiteten Reformen an. Sie greift aber gerade auch auf die beiden Bildungsreformen gemeinsame Tradition der Neuordnung von Bildungs- und Studieninhalten zurück, wie sie vor der Reformation z. B. durch Bewegungen der via moderna, des Humanismus u. Ä. zur Geltung gebracht worden waren. Die Katholische Reform im Gefolge des Tridentinums beschert durch „die flächendeckende Einrichtung von Priesterseminaren, die Einführung von Pfarrexamina, die regelmäßige Durchführung von Visitationen und Partikularsynoden" der katholischen Kirche „ein fähigeres und frömmeres Perso-

---

[16] Vgl. dazu den Beitrag von Günter Frank in diesem Buch.

nal"[17] und erstmalig in der Kirchengeschichte werden nun „in Rom katechetische und liturgische Bücher für den gesamten orbis catholicus entworfen, womit man das alte Christentum nicht nur zu einer katholischen, sondern vielmehr zu einer päpstlich-römischen Konfessionskirche homogenisieren wollte".[18]

Darüber hinaus eröffnet das theologisch-pastorale Erbe des Konzils durch das in Trient immer wieder ins Spiel gebrachte Leitkriterium des Seelsorgeprinzips gerade hinsichtlich der Wahrnehmung und Bewertung der Erkenntnisfähigkeit aller Menschen und der Fähigkeit anderer Kulturen zur Adaptation des christlichen Glaubens, und damit der prinzipiellen Vereinbarkeit von katholischem Glauben und Weltwissen, neue Optionen. Kurz: Die Katholische Kirche wird auch in ihrem theologischen Bewusstsein so etwas wie Weltkirche, in der sich die unterschiedlichen Teile und Traditionen durchaus gegenseitig befruchten und bereichern,[19] und sie entwickelt schrittweise die dazu notwendigen theologischen und strukturellen Ressourcen. Darum entfaltet im Gefolge des Konzils von Trient die Catholica als Antwort auf diese Herausforderungen das höchst effektive Leitungsinstrumentar einer Großinstitution, d. h. für eine globalisierte und damit durchaus verschiedengestaltige Art und Weise des Katholisch-seins ‚unter einem Dach' , also für eine Kirche, die in dieser Zeit geographisch zur Weltkirche wächst und sich dessen auch langsam bewusst wird. Die nun einsetzenden, je unterschiedlichen Versuche der Inkulturation werden kritisch in den Blick genommen, zentral gesteuert und streng limitiert, aber zugleich auch ins Recht gesetzt. Die Katho-

---

[17] Günter Wassilowsky, Trient, in: Christoph Markschies/Hubert Wolf u. a. (Hg.), Erinnerungsorte des Christentums, München 2010, 395-412, hier 409.

[18] Ebd.

[19] Dies kann insbesondere für die Frömmigkeitsformen des Barock gelten, vgl. dazu Anthony M. Stevens-Arroyo, A Marriage made in America: Trent and the Baroque, in: Raymond F. Bulman/Frederick J. Parrella (Hg.), From Trent to Vatican II. Historical and theological Investigation, New York 2006, 39-60.

lische Kirche entwickelt dafür ein effektives Instrumentar, eine effektive Verwaltung und ein angemessenes theologisches Lehrsystem. Dazu passt es auch, dass sich nun die Päpste als ‚oberste Seelsorger' und ‚glorreiche Erneuerer der alten christlichen Religion' inszenieren.[20]

Eine besondere Bedeutung erhält dabei natürlich der Jesuitenorden. Von den Statuten her zur Verbreitung und Verteidigung des Glaubens eingerichtet, aber auch für den „Fortschritt der Seelen in Leben u[nd] chr[istlicher] Lehre durch Predigten, Exerzitien, Unterweisung der Jugend, Beichtehören, caritative Werke"[21], ist bereits 1556 – also 26 Jahre nach Einrichtung des Ordens – ein Großteil der Jesuiten im höheren Unterricht tätig, denn – so die Überzeugung des Ordensgründers Ignatius von Loyola – wissenschaftliche Bildung ist das entscheidende Instrument erfolgreicher apostolischer Tätigkeit. Die Aufgabe wird in der Folgezeit, gefördert durch Päpste, Bischöfe, aber auch die katholisch gebliebenen weltlichen Fürsten, zum wichtigsten Standbein des Ordens, dessen Ausbildungsprogramm 1599 durch die Ratio Studiorum eine einheitliche Form und Struktur erhält. In wenigen Jahren entsteht ein dichtes Netz von Schulen und Hochschulen, da der an Mitgliedern schnell wachsende Orden eigene Ausbildungs- und Nachwuchsförderungseinrichtungen benötigt und aufbaut.[22] Der Jesuitenorden spielt lange Zeit eine dominierende Rolle im katholischen Bildungssystem nicht nur in Europa.

In der Gestaltung ihrer Unterrichts-, aber auch der Missions- und Verkündigungsformen sind die Mitglieder des Ordens gerade in den Anfängen und in der Blütezeit des Ordens im 17. Jahrhundert – geprägt durch Ideen des Humanismus, und damit imprägniert mit einem optimistischen Menschenbild, der Vereinbarkeit von Glaube und Wissen, Glaube und Vernunft, wie durch eine bleibende Orientierung an den Vorbildern der

---

[20] Vgl. Wassilowsky, Trient, 409.

[21] Günter Switek, Art. Jesuitenorden, in: LThK[3] V (2006) 794.

[22] „1600 zählt die SJ unter 353 Niederlassungen 245 Kollegien (1719: 1190 Niederlassungen 770 Kollegien)" (Burkhart Schneider, Art. Jesuiten, in: LThK[2] V [1960] 915).

Klassiker – innovativ, kreativ und vor allem auch adressatenorientiert (das reicht von der Vermittlung des Lehrstoffes in ansprechender Form, d. h. durch Disputationen und Theater, bis hin zum von Franz Xaver und Gefährten in ihrer Asienmission verteidigten Akkommodationsprinzip der Mission). Der Orden entwickelt dabei Formen und Stile, die weite Teile der Katholischen Kirche über Jahrhunderte hinweg prägen.

So wird die Jesuitenliteratur zum eigenen Genre, das die Epoche des Barock hinsichtlich ihres literarischen Schaffens durchaus prägt, und seit 1560 wird das Jesuitentheater mit seinen Bekehrungsdramen und seinem höchst modernen und gleichfalls humanistischem Vorbild folgenden pädagogisch-moralischen Unterrichtsstil zu einem zentralen Medium der jesuitischen Erziehungsarbeit. Ein durchaus amüsanter und lesenswerter wikipedia-Artikel schreibt dazu: „Die Aufführungen waren zum Teil von derart beeindruckender Vehemenz, dass von Spontanbekehrungen berichtet wird. So sollen auch anwesende Landesfürsten noch an Ort und Stelle eine Wiederaufnahme in den katholischen Glauben erfleht haben. Die mit drastischen Bühneneffekten dargestellten Höllenqualen haben in ihrer Bildlichkeit offensichtlich eine größere Überzeugungskraft erzielt als argumentative Worte."[23] Die Methode passt indes zum ‚ganzheitlichen' Gesamtkonzept jesuitischer Erziehung: „Die Schüler sollten dort nicht nur lernen, in und mit der Kirche selbstverständlich zu leben, sondern sich, wie es dem neuen, neuzeitlichen Ideal entsprach, bewusst zu ihr zu bekennen und ihre Lehre überlegt zu vertreten. Zu diesem Zweck wurde an den Jesuitenschulen an jedem Schultag außer samstags eine Stunde lang das Disputieren nach den damaligen Regeln der Diskussion geübt. Die Schulen der Jesuiten hatten einen guten Ruf auch bei nichtkatholischen Eltern und waren mittelbar für nicht wenige Konversionen verantwortlich."[24]

---

[23] Vgl. https://de.m.wikipewdia.org/wiki/Jesuitentheater (zuletzt abgerufen 29.10.2016).
[24] Esther-Beate Körber, Gegenreformation oder: Wie der Katholizismus zur Konfession wurde, in: Faber (Hg.), Libertäre Katholizität, 79-96, hier 86.

Die jesuitischen Erziehungs-, Unterrichts- und Lehr-Praktiken, Medien und Techniken sind ähnlich stilprägend für das reformkatholische Bildungsprogramm, wie die Idee, dass Bildung und geistig-spirituelle Schulung Hand in Hand gehen (z. B. Exerzitien; Volksmission, Predigt und Katechese; das geteilte Leben von Lehrenden und Lernenden in den Kollegien). Das Bildungsprogramm der Jesuiten ist bewusst als ein ständeübergreifendes, nicht nur auf das aufstrebende städtische Bürgertum, sondern auf eine integrative Förderung aller Bevölkerungsschichten, ob Stadt oder Land, zielendes Unterrichtsprogramm konzipiert. Es ist also wirklich ein Programm der ‚Allgemeinbildung'. Dabei steht auch und gerade die Bildung sozial und gesellschaftlich benachteiligter Gruppen im Fokus des Interesses, so wird auf Schulgeld verzichtet, um auch für die Armen zugänglich zu sein. All diese Regelungen sind von den Erziehungsidealen der Jesuiten getragen. Charakteristisch sind dabei

- Wertschätzung des Einzelnen,
- Fähigkeit zur kritischen Reflexion,
- Verpflichtung zur sozialen Gerechtigkeit.

Der flächendeckende Erfolg dieser katholischen Unterrichts- und Bildungsinitiative ist schon daran abzulesen, dass und wie die Jesuiten in protestantischen Augen zur Inkarnationsgestalt der Gegenreformation stilisiert und als solche auch propagandistisch bekämpft werden. Dass der Jesuitenorden am Ende des 18. Jahrhunderts an Einfluss verliert und 1773 aufgehoben wird, ist zum einen der von der kirchlichen Autorität zur Befriedung der nachrevolutionären Verwerfungen verordneten Bauernopfer-Rolle geschuldet, zum anderen stolpert der Orden über die eigene innere Verflechtung mit dem System absolutistischer Herrschaft. Später wird die lehramtlich verordnete Bindung an das zunehmend als beengend empfundene thomistische System, das zur Barock- und dann zur Neuscholastik degeneriert, zum entscheidenden, intellektuellen Problem werden.[25] Die

---

[25] „Das pädagogische Konzept der Jesuitenschulen [...] hatte sich überlebt – zu wenig ließ es dem eigenständigen Denken Raum": Markus Ries, Vom freien Denken herausgefordert. Katholische Theologie zwischen Aufklärung

Jesuitenschule und ihre Zöglinge sind nun nicht mehr das Synonym kreativer Innovation, sondern das der intellektuellen Enge und der geistigen Denkverbote. Beides ist angesichts der grundlegenden Ausrichtung des Ordens eigentlich erstaunlich. Aber das wäre ein anderes Thema!

Myth-Buster 2: Zwischen Klosterleben und Familienidyll des Biedermeier

Zu den klassischen Mythen protestantischer Identitätsbildung – das deutsche Luthertum pflegt dazu das Narrativ um Katharina von Bora – gehören sicher die Behauptung der theologischen Notwendigkeit einer Aufhebung der Klöster und der damit verbundene Fortschrittsgedanke. Das mag für manche Sparte gelten, aber sicher nicht für die Frauenklöster. Schon die berühmte Disputation zwischen Philipp Melanchthon und Caritas Pirckheimer um die Auflösung des Clarissenklosters in Nürnberg macht deutlich: Man kann die Ideale des Humanismus und die theologischen Grundüberzeugungen der Reformation auch hinter Klostermauern leben, eine völlige Aufhebung dieser Lebensform ist weder theologisch notwendig noch hilfreich;[26] für die Frage der Frauenbildung wie die gesellschaftliche Position von Frauen ist diese Entscheidung sogar katastrophal. Die Frauenklöster bieten von altersher, aber dann verstärkt seit ihrer expansiven Entwicklung im Rahmen der Bettelordensbewegungen des hohen Mittelalters eine gesellschaftlich akzeptierte und angesehene Lebensalternative für Frauen jenseits des klassischen Rollenbildes der Ehefrau und Mutter. Daneben werden die Klöster über die Jahrhunderte hinweg als Förder- und Bildungseinrichtungen für Frauen gepflegt und geschätzt. Ich muss sicher nicht auf die großen Frauengestalten der Kirchenge-

---

und Romantik, in: Weitlauff (Hg.), Kirche im 19. Jahrhundert, 54-75, hier 60.

[26] Vgl. dazu Johanna Rahner, Leisetreten oder Profil zeigen? Philipp Melanchthons ökumenische Hermeneutik, in: Günter Frank/Albert Käuflein (Hg.), Ökumene heute, Freiburg 2010, 312-340.

schichte verweisen – Theresa von Avila, Katharina von Siena, Hildegard von Bingen etc. – um ihre kirchliche, theologische, aber auch intellektuelle und politische Relevanz zu belegen. Man wird gleichfalls kaum die sozio-ökonomische Bedeutung der Frauenklöster mit ihren Handwerks-, Ackerbau- und Kulturtechniken vernachlässigen dürfen.

Spannend wird die damit verbundene soziale Drift der alternativen Lebensmodelle nun aber gerade im 19. Jahrhundert, d. h. jener „Formierungsphase des Bürgertums mit seiner ‚Polarisierung der Geschlechtscharaktere‘" (Karin Hausen). Man muss nun nicht unbedingt Hubert Wolfs Bestseller zu den Nonnen von St. Ambrogio als Referenzpunkt nehmen, um zu erkennen, dass sich gerade im 19. Jahrhundert Vieles bewegt und dabei Grundlegendes verändert. Zunächst haben wir es mit einem gesamtgesellschaftlichen Phänomen zu tun. So haben im Kontext der „Vitalisierung des Religiösen" (Wolfgang Schieder) „bestimmte katholische Frauenvereinigungen außerordentlichen Zulauf" bzw. werden neu gegründet und expandieren innerhalb weniger Jahre stark.[27] Das Diktum von der ‚Feminisierung der Religion im 19. Jahrhundert‘ hat also durchaus seine Anhaltspunkte.[28]

Bedeutsam ist der sozio-kulturelle Hintergrund dieses Wandels: „Auf ihre fundamentale Bedrohung durch Aufklärung, französische Revolution und Entkirchlichung, die den tiefgreifenden Säkularisierungsprozess zum Ausdruck brachte, reagierten die Kirchen mit einer gezielten Ansprache an die Frauen und mit einer Betonung femininer Kultformen. [...] Aufgrund der traditionalen Rollenzuweisung der Frau in Familie und Haushalt und der langdauernden Beschränkung auf ‚müt-

---

[27] Vgl. Anne Conrad, Rezension zu: Meiwes, Relinde: „Arbeiterinnen des Herrn". Katholische Frauenkongregationen im 19. Jahrhundert. Frankfurt a. M. 2000 , in: H-Soz-Kult, 14.8.2001.

[28] Vgl. Irmtraud Götz von Olenhusen, Die Feminisierung von Religion und Kirche im 19. und 20. Jahrhundert. Forschungsstand und Forschungsperspektiven, in: Dies. (Hg.), Frauen unter dem Patriarchat der Kirchen. Katholikinnen und Protestantinnen im 19. und 20. Jahrhundert, Stuttgart 1995, 9-21, hier 9.

terliche' Berufs- und Lebenswelten leuchtet es unmittelbar ein, daß Frauen aller gesellschaftlichen Schichten länger und intensiver an traditionalen Formen christlicher Vergesellschaftung festhielten. Gleichzeitig entwickelte sich aber ein spezifisch modernes, nämlich individuelles Verhältnis der Frauen zu Religion und Kirche."[29]

Indes reicht die politisch-kirchenpolitische Dynamik der damit verbundenen sozialen Drift noch weiter. Denn gerade in Preußen begegnet uns „ein merkwürdiges Phänomen: Immer mehr unverheiratete katholische Frauen schließen sich zu religiösen Frauengenossenschaften zusammen und versuchen, Religion und Arbeit unter dem Dach der Kirche miteinander zu verbinden"[30]. Gewöhnlich wird das Ganze unter dem Schlagwort ‚Ordensfrühling' beschrieben; das trifft die genderspezifische Konnotation dieses Vorgangs aber nicht. Denn „bei genauer Betrachtung läßt sich feststellen, daß es sich hierbei keineswegs um eine allgemeine geschlechterunspezifische Entwicklung handelt, sondern um die Entstehung und rasche Ausbreitung neuer Frauenkongregationen seit der Mitte des 19. Jahrhunderts"[31].

Die konfessionelle Komponente dieser Entwicklung ist gleichfalls bedeutsam: „Während insbesondere das Luthertum vom christlichen Hausfrauen- und Mutterideal geprägt ist, spielt im Katholizismus – neben der Verschmelzung von Mutter- und Jungfrauenideal in der Marienverehrung – die höhere Wertschätzung der Jungfräulichkeit als solcher eine bedeutende Rolle. Damit wird der Frau – im Gegensatz zum Protestantismus – jenseits von Ehe und Mutterschaft eine eigene Dignität eingeräumt."[32] Kurz: „Heilige, Nonne, Schwester, Jungfrau, Ehefrau, Mutter: Der Katholizismus hielt verschiedene Lebensmodelle

---

[29] Ebd., 10f.
[30] Relinde Meiwes, Religiosität und Arbeit als Lebensform für katholische Frauen. Kongregationen im 19. Jh., in: Olenhusen (Hg.), Frauen unter dem Patriarchat der Kirchen, 69-88, hier 69.
[31] Ebd.
[32] Olenhusen, Die Feminisierung von Religion und Kirche, 15.

für Frauen bereit."[33] – Und das im Gegensatz zum protestantisch eingefärbten Familienidyll des Biedermeiers![34]

Es ist offensichtlich, dass die „gemeinschaftliche religiöse Lebensweise von Frauen in den Kongregationen […] sichtlich im Widerspruch zum bürgerlichen Familienmodell" steht, denn der protestantisch präferierte, „idealtypisch konstruierte Lebensentwurf für bürgerliche Männer wie Frauen schrieb Ehe und Elternschaft fest, andere Formen des Zusammenlebens waren nicht vorgesehen […]. Mit dem Eintritt in eine Kongregation entschieden sich die Frauen gegen Ehe und Mutterschaft und die damit verbundenen Verpflichtungen. Sie optierten für einen eigenständigen Lebensentwurf, der nicht an die Bedürfnisse von Ehemann und Kinder gebunden war, sondern auf ihrer individuellen Entscheidung gründete. […] Kongregationen boten unverheirateten Frauen eine Lebensweise an, in der ihre materielle Existenz abgesichert war und die ihnen zugleich eine subjektive Sinnstiftung ermöglichte."[35]

Damit kann man solche Kongregationen zum einen als „Antwort auf die entstehende bürgerliche Gesellschaft und die neuen Herausforderungen aufgrund der ökonomischen Veränderungen"[36] verstehen, zugleich sind sie aber eine Möglichkeit weiblicher Bildung, die auch der kulturprotestantisch imprägnierte Bildungsbegriff des 19. Jahrhunderts nicht angemessen repräsentiert, denn der ist letztlich auf Männer konzentriert und damit ist Bildung in diesem Sinne Männern vorbehalten.[37] Das heißt, sie stellen den Versuch dar, durch scheinbar vormoderne Vergesellschaftungsformen „Räume für Frauen zu schaffen, die die Gesellschaft [samt ihrem protestantisch imprägnierten Bildungsbegriff] mit ihren nur für Männer konzipierten neuen

---

[33] Meiwes, Religiosität und Arbeit als Lebensform, 73.
[34] Das geht so weit, dass die „fehlende Anerkennung des Status' der unverheirateten Frau im Protestantismus dazu [führt], daß der Diakonissenberuf bei weitem nicht auf soviel Resonanz unter Frauen stieß wie die Tätigkeit in katholischen Frauenkongregationen" (ebd., 74).
[35] Ebd., 87f.
[36] Ebd., 77.
[37] Vgl. ebd., 83.

Organisationsformen nicht bot"[38]. Von einer intellektuellen Inferiorität des Katholizismus kann auf diesem Feld wahrlich kaum die Rede sein.

Myth-Buster 3: Das Scheitern des Aufklärungskatholizismus

Die ganz eigene Gestalt der deutschen Aufklärung, die sich weder religionsfeindlich wie ihre französische noch prinzipiell religionsaffin, aber kaum kritisch intellektuelle Rechenschaft einfordernd wie ihre US-amerikanische Variante entwickelt, verdankt sich dem einzigartigen konfessionellen Hintergrund. Denn die Existenz zweier konfessionell unterschiedlich gefärbter Kulturen, der intellektuelle Austausch zwischen ihnen, charakterisierte den Prozess der Aufklärung maßgeblich. Beides beeinflusst übrigens bis heute den Status von Religionsgemeinschaften in der säkularen, bundesrepublikanischen Öffentlichkeit. „Deutschland unterscheidet sich in dieser Hinsicht (konfessioneller Dualismus und staatskirchenrechtliche Parität) von den meisten europäischen Nachbarn."[39] Diese spezielle Konstellation ist – vielleicht abgesehen von der Schweiz – in Europa einmalig. Die christlichen Konfessionen und ihre Theologien sehen sich damit vor ganz andere Herausforderungen hinsichtlich ihrer Intellektualität und vernünftigen Rechenschaftsabgabe über die eigenen religiösen Überzeugungen gestellt, als dies anderswo der Fall war.

Diese prinzipiell religionsfreundliche Ausrichtung der deutschen Aufklärung hat vielfältige Gründe. Mit Guido Bee ist sicher zuerst Einfluss und Wirkungsgeschichte der Leibniz-Wolffschen Philosophie zu nennen. Sie hält „an der Unterordnung der Philosophie unter die Theologie fest" und stellt dabei „die Harmonie von überlieferter religiöser Tradition und qua Vernunft erschlossener Erkenntnis", also die prinzipielle Vereinbarkeit von

---

[38] Ebd., 76.
[39] Wissenschaftsrat, Empfehlungen zur Weiterentwicklung von Theologien und religionsbezogenen Wissenschaften an deutschen Hochschulen, 12.

Glaube und Vernunft heraus.[40] „Eine besondere Rolle dürfte auch der Einfluss des Pietismus spielen, der als religiöse Bewegung ähnlich wie die Aufklärung einem reflektierten religiösen Bewusstsein und einer Individualisierung der Glaubensinhalte zuarbeitete. Ein dritter Grund für die im deutschsprachigen Raum zu beobachtende positive Rezeption der Aufklärung durch die Theologie dürfte in dem weit verbreiteten Wunsch nach einer Überwindung der Zerrüttungen des konfessionellen Zeitalters liegen. Aufklärerische Theologie zielte weder im Protestantismus noch im Katholizismus explizit auf eine Zusammenführung der Konfessionen, bot aber ein Modell, das sich von einer primär kontrastiven – auf den konfessionellen Gegner bezogenen – Reflexion des Glaubens abhob, das auf beiden Seiten Akzeptanz fand und zu einer partiellen Angleichung theologischer Inhalte – insbesondere im Bereich der Pastoraltheologie – führte und so immanent konfessionsverbindend wirkte.“[41] Man hatte mit den Denkformen der Aufklärung eine Diskursebene jenseits der klassischen Kontroverstheologie gefunden.

Sicher manifestiert sich der „Einfluss der Aufklärung [...] in beiden Konfessionen [...] mit unterschiedlicher Gewichtung und in jeweils anderen Zeitabschnitten. Eindeutig kommt hier dem deutschen Protestantismus eine Vorreiterfunktion zu [...]. Der katholische Bevölkerungsteil wurde erst mit einer gewissen zeitlichen Verzögerung mit der Aufklärung konfrontiert.“[42] Umstritten bleibt dabei, inwieweit es sich bei der katholischen Aufklärung um eine Übertragung von Prinzipien der protestantischen Aufklärung auf katholische Territorien, oder aber um einen intellektuellen Modernisierungsprozess sui generis und damit um ein Phänomen handelt, das zwar zeitverzögert einsetzt, aber auf der Dynamik der geistigen Traditionen des Katholizismus selbst beruht. Man kann vielleicht festhalten, dass neben den unbestreitbar prägenden Einflüssen und Impulsen

---

[40] Vgl. Guido Bee, Aufklärung und Katholizismus. Zur Chronik einer problematischen Beziehung, in: Faber (Hg.), Libertäre Katholizität, 109-119, hier 110.
[41] Ebd.
[42] Ebd., 110f.

aus der zeitlich vorausgehenden protestantischen Aufklärung die katholische Aufklärung durchaus eigenständige Wurzeln und daher auch im Verhältnis zum Protestantismus eigene Charakteristika besitzt. Freilich wird man dabei zwischen den, der Dynamik der Aufklärung selbst entspringenden Elementen und anderen zeitgenössisch vorhandenen Entwicklungen unterscheiden müssen. Das gilt – nach Bee – für den „reichskirchlichen Episkopalismus, der den Papst auf ein Ehrenprimat beschränken und den Bischöfen alle vorher dem Papst vorbehaltenen Rechte übertragen wollte", ebenso wie für die Idee des Staatskirchentums. Bei letzterer handelt es sich eben „nicht im eigentlichen Sinne um Phänomene des Aufklärungszeitalters, sondern um konsequente Weiterentwicklungen des Absolutismus, die mit dem Aufbau des modernen Staatswesens einhergehen."[43]

So dürften die „pastoraltheologischen und pädagogischen Reformbemühungen" das „eigenständigste, profilierteste und bedeutendste Kennzeichen der katholischen Aufklärung des 18. Jahrhunderts" sein[44]. „Das Feld der katholischen Aufklärung war zunächst nicht die Studierstube mit neuen theologischen Entwürfen, sondern es war das kirchliche Alltagsleben."[45] Die damit verbundenen Reformbemühungen markieren „einen Höhepunkt in der Geschichte des deutschen Katholizismus [...]. Zwar handelt es sich hierbei wiederum nicht um ein genuin katholisches Element, denn die Reformanstrengungen dieser Zeit vollziehen sich konfessionsübergreifend; dennoch bleibt festzuhalten, dass hier von einer Reihe von Reformern, bei denen es sich größtenteils um geistliche Fürsten handelte, Bedeutendes geleistet wurde"[46]. Zu nennen sind hier Persönlichkeiten wie der Direktor der Prager Universität und spätere Rektor der Wiener Universität, Benediktinerabt Franz Stefan Rautenstrauch, der die aufklärerische Theologie im klassischen Universitätssystem

---

[43] Ebd., 112.
[44] Ebd., 113.
[45] Ries, Vom freien Denken herausgefordert, 55.
[46] Bee, Aufklärung, 113.

verankerte, oder der designierte aber nie ernannte Erzbischof des neubegründeten Erzbistums Freiburg Ignaz Heinrich von Wessenberg mit seinen Reformen in Liturgie (Vorwegnahme der Idee, die im Zweiten Vatikanischen Konzil dann mit dem Begriff der ‚participatio actuosa' umschrieben wird) und in der Klerikerausbildung.[47]

So ist es kaum erstaunlich, dass weit in das 19. Jahrhundert hinein der Begriff ‚Aufklärung' positiv besetzt ist – „länger als im Protestantismus, wo bereits kurz nach der Jahrhundertwende mit der Frühromantik (Novalis) eine Gegenbewegung einsetzt"[48]. Das mag an der ‚natürlichen Wertschätzung' der Vernunft liegen, die die katholische Theologie immer gekennzeichnet hat. „Eine dichotomische Scheidung zwischen Glauben und rationaler Erkenntnis mit einer scharfen peiorativen Akzentuierung der Vernunft ist innerhalb der katholischen Tradition nur schwer durchzuhalten, hat doch gerade die römisch-katholische Kirche im Streit um die von protestantischer Seite betonte Einzigartigkeit der Heiligen Schrift als Offenbarungsquelle immer wieder auf die natürliche Erkennbarkeit Gottes durch die Vernunft hingewiesen."[49] Die unbedingte Vereinbarkeit von Glaube und Vernunft gehört zum unaufgebbaren mittelalterlichen Erbe katholischer Identität. Die Aufklärung rennt mit ihrem Anliegen daher offene Türen ein. Und doch wendet sich in den 1820er Jahren das Blatt. Die großpolitische Wetterlage hatte sich nach dem Wiener Kongress in Richtung politischer Restauration gedreht. Ein Mentalitätsumschwung zeichnet sich bereits ab. Letztlich sorgen aber die sogenannten ‚Kölner Wirren' bzw. das ‚Kölner Ereignis' 1837 – also die Verhaftung des Kölner Erzbi-

---

[47] „Der Priester sollte in der Pfarrei ein ‚pastor bonus' sein, der sich nicht in erster Linie als Kultdiener verstand, sondern als Lenker der Gläubigen und als Fürsorger der ihm anvertrauten Herde. Was der Seelsorger tat, sollte auf das Gemeinwohl gerichtet sein, indem es allen zum geistlichen Nutzen und Wohlergehen gereichte": Ries, Vom freien Denken herausgefordert, 57; vgl. dort ebenfalls weitere Beispiele aufklärerischer Reformbemühungen durch katholische Kirchenführer, bes. 55-66.

[48] Bee, Aufklärung und Katholizismus, 117.

[49] Ebd.

schofs Klemens August von Droste-Vischering durch den preußischen Staat – für eine radikale Kehrtwende. So bezieht schon die von einem der publizistischen Großkaliber des damaligen Disputs, Joseph Görres, verfasste Kampfschrift ‚Athanasius' „einerseits Position zu den konkreten Ereignissen, weitet die Betrachtung dann [...] zu einer übergreifenden Kulturkritik aus, die einen Gegensatz von Rationalismus und christlichem Glauben konstruiert [...]. In diesem Kontext wird das Zeitalter der Aufklärung zum bösen Wegbereiter, der die Ausbreitung eines säkularen kirchenfeindlichen Staatswesens erst möglich gemacht hat. Dementsprechend wurde der Begriff ‚Aufklärung' bald zum Schimpfwort."[50] Das sollte – flankiert und forciert durch die ultramontane Selbstinszenierung der Catholica – für eine geraume Zeit so bleiben. So sind solcherlei „Abqualifikationen [...] bis weit ins 20. Jahrhundert verbreitet. Die Auseinandersetzung mit der Epoche trägt fast immer polemische Züge; der Wille zur ernsthaften Auseinandersetzung ist selten zu finden. Typisch hierfür etwa die Aussage des Freiburger Erzbischofs Conrad Gröber aus dem Jahr 1927, Wessenbergs Reformen seien auf ein mangelhaft ausgebildetes katholisches Bewusstsein zurückzuführen und deshalb als „Aufkläricht" einzustufen.[51] Das bringt mich nun zu meinem letzten Punkt.

3. Der lange Schatten des 19. Jahrhunderts oder: Die selbstverschuldete Unmündigkeit und ihr spätmodernes Revival

In fataler, aber angesichts der kontextuellen Herausforderungen erklärbarer Weise wird die Verhältnisbestimmung von Moderne und Katholizismus im 19. Jahrhundert zugunsten eines romantisierenden, aufklärungsskeptischen Ultramontanismus entschieden, der die Anfänge eines aufgeklärten Katholizismus im Keime erstickt und seine Vertreter binnenkirchlich isoliert

---

[50] Ebd.
[51] Ebd., 118.

bzw. gar aus der katholischen Kirche hinaustreibt. „Für die auf-
geklärte Theologie gab es [...] keinen Platz mehr. Sie galt als
Erbin von Jansenismus, Gallikanismus oder reichskirchlichem
Episkopalismus und war dadurch nicht nur der Papstfeind-
schaft, sondern selbst der Religionsgefährdung verdächtig."[52]
Im Rückblick wirklich besorgniserregend ist aber die daraus
entstehende und die katholische Kirche für lange Zeit prägende
Mentalität. Der Sintflut der Moderne – exemplarisch an den
Schlagworten der Französischen Revolution festgemacht: Freiheit, Gleichheit, Brüderlichkeit – dieser Sintflut entkommt nur,
wer an Bord der neuen Arche, d.h. in den Armen der hl. Mutter
Kirche verweilt. Allein ihre Mauern bieten Schutz gegen die
Gewitterstürme der neuen Zeit. Das stets neu zu festigende und
zu verteidigende Selbstverständnis von Kirche lebt von nun an
aus einer „pauschalen Abwertung des ‚Außen'". Dort kann es
„nur Untergang und niemals Rettung" geben.[53] An die Stelle
einer intellektuellen Auseinandersetzung auf dem Niveau der
Zeit tritt der Rückzug in den hl. Hort der autoritativ garantierten
Glaubenswahrheiten. Als einzig noch erhaltener Kanal der
Transzendenz wird das päpstliche Lehramt derart hypertro-
phiert, dass eine intellektuelle Verantwortung positivistisch-
autoritär gesetzter Glaubenswahrheiten weder für möglich
noch für notwendig erachtet wird. Das solchermaßen zusam-
mengezimmerte Glaubensgebäude ist aber bereits vom Fundament her marode, wie Ignaz von Döllinger in seiner berühmten Rede vor der Münchner Gelehrtenversammlung 1863 betonte: „Die Kette der wissenschaftlichen Theologie, an welcher
Jahrhunderte theologischer Tätigkeit sich gehalten und orientiert haben, ist gebrochen. Oder, um ein deutliches Bild zu ge-
brauchen: das alte, von der Scholastik gezimmerte Wohnhaus
ist baufällig geworden, und ihm kann nicht mehr durch Repara-
turen, sondern nur durch einen Neubau geholfen werden, denn

---

[52] Ries, Vom freien Denken herausgefordert, 67.
[53] Jürgen Werbick, Kirche. Ein ekklesiologischer Entwurf für Studium und
Praxis, Freiburg 1994, 259.

es will in keinem seiner Teile mehr den Anforderungen der Lebenden genügen."[54]

Die von seinen Gegnern präjudizierte intellektuelle Inferiorität des Katholizismus wird so zur self-fulfilling-prophecy und damit jetzt Realität. Die in der Folge dadurch ausgelöste Identitätskrise des Katholischen, verharmlosend als Modernismuskrise bezeichnet, erschüttert die Katholische Kirche bis ins Mark und zählt wohl zu den bis heute nicht wirklich bewältigten Erblasten der Kirchengeschichte. Indes muss das ganze System dann in die Aporie geraten, sobald der konkrete Gegner entfällt.[55] Vielleicht sind daher die Exzesse des Antimodernismus in den 1910er und 1920er Jahren – der aus einzelnen Neuansätzen und ihren Vertretern dann selbst die systemrelevante Gefahr konstruiert –, die Unzeitigkeit eines Weimarer Jubelkatholizismus und die verspäteten Interferenzen der 1950er Jahre so schmerzlich. „Wir kennen nur Namen und Schicksale der prominenteren Betroffenen; aber bei gezieltem Recherchieren in den Archiven stößt man unentwegt auf neue ‚Opfer'. Der Preis, den die Kirche an der Schwelle unseres Jahrhunderts für diesen ‚Sieg' riskierte, war alles in allem exorbitant hoch, die Folgen dieses Sieges waren auf Jahrzehnte hin gravierend. Ob das Zweite Vatikanum, das über ein halbes Jahrhundert später die von den als ‚Modernisten' gescholtenen Reformisten angestrebte Öffnung der Kirche zur Welt – an die doch die Botschaft des Evangeliums gerichtet ist! – entschlossen (und durchaus im Bewußtsein der damit zweifellos auch verbundenen Problematik) in Angriff nahm, die Opfer der Modernismus-Kontroverse mit Blick auf die Zukunft der Kirche ‚aufzuwiegen' vermochte, ist – sehr vorsichtig formuliert – eine offene Frage."[56]

Angesichts der prinzipiellen Verweigerungshaltung der katholischen Kirche im 19. und beginnenden 20. Jahrhundert gegen-

---

[54] Ignaz von Döllinger, Die Vergangenheit und Gegenwart der katholischen Theologie, in: Johann Finsterhölzl, Ignaz von Döllinger, Graz 1969, 260f.
[55] Was eigentlich mit dem Ende des Kulturkampfes 1886/87 der Fall gewesen sein müsste!
[56] Manfred Weitlauff, Vorwort, in: Ders. (Hg.), Kirche im 19. Jahrhundert, 7-13, hier 12f.

über sämtlichen Errungenschaften der Moderne [von der „wahren Ungeheuerlichkeit von Religions- und Pressefreiheit" (Pius VI., Breve Quod Aliquantum 1791); über „außerordentliche Unverschämtheit und Dreistigkeit" demokratischen Gedankenguts (Pius IX., Enzyklika Quanta Cura 1864); zur „irrsinnigen Auffassung" oder dem „Wahn", ja dem „geradezu pesthaften Irrtum" als Etikett für die Beanspruchung moderner bürgerlicher Rechte (Gregor XVI., Enzyklika Mirari vos 1832)], die auf dem Höhepunkt der Modernismuskrise das Verhältnis von Katholischer Kirche zur Moderne zur strikten Antithese werden lassen (vgl. Pius X., Dekret Lamentabili und Enzyklika Pascendi), kann die durch das Zweite Vatikanische Konzil vollzogene Wende eigentlich nur erstaunen. Die Wende ist von zentraler Bedeutung, nicht nur weil sie den eindrucksvollen Versuch einer Versöhnung der katholischen Kirche mit der Aufklärung und Moderne darstellt, sondern weil mit ihr die Front eines katholischen Antimodernismus und eines zum System gewordenen katholischen Antiintellektualismus von innen her aufgebrochen wurde.[57] Auf der Basis einer optimistischen Anthropologie und einer offenen Verhältnisbestimmung von Glaubenswahrheit und Weltweisheit werden die ‚Zeichen der Zeit' (vgl. GS 4) zum Orientierungspunkt kirchlichen Handelns, die Kirche wird zur lernenden Kirche, die Theologie ist auf das Weltwissen und die konstruktive Auseinandersetzung damit verwiesen, der Dialog mit ‚den anderen' etabliert sich als kommunikati-

---

[57] Vgl. dazu Klaus Große Kracht, Von der „geistigen Offensive" zur neuen Unauffälligkeit: katholische Intellektuelle in Deutschland und Frankreich (1910-1960), in: Friedrich Wilhelm Graf/Ders. (Hg.), Religion und Gesellschaft. Europa im 20. Jahrhundert, Köln 2007, 223-246; Ders. ‚Neudeutschland' und die katholische Publizistik: konfessionelle Elitenbildung und kommunikative Netzwerke 1945-1965, in: Le milieu intellectuel catholique en Allemagne, sa presse et ses réseaux (1871-1963), édité par Michel Grunewald, Bern – Berlin u. a. 2007, 483-505. Zur ekklesiologischen Relevanz der Fragestellung und der systematischen Einordnung der ‚Wende' des II. Vatikanischen Konzils vgl. auch Peter Hünermann, Antimodernismus und Modernismus. Eine kritische Nachlese, in: Hubert Wolf (Hg.), Antimodernismus und Modernismus in der katholischen Kirche. Beiträge zum theologiegeschichtlichen Vorfeld des II. Vatikanums, Paderborn 1998, 367-376.

ves Grundprinzip – tiefer kann der Bruch mit dem langen 19. Jahrhundert nicht gehen!

Beunruhigend ist heute allenfalls, dass das 19. Jahrhundert durchaus auch spätmoderne Wiedergänger kennt. Der Welt – so ihre Diagnose – mangelt es an Glaube und Orientierung. Der Gegensatz von Kirche und Welt wird wieder zur Schibboleth des Katholischen aufgerichtet. Was nicht dazu passt, wird als ‚Anbiederung an den Zeitgeist' und drohende Selbstsäkularisierung des Katholischen diffamiert. Demgegenüber werden wieder exklusive Identitäts-Marker des Katholischen stilisiert und metaphysisch aufgeladen – seit dem Rücktritt von Benedikt XVI. will das Papstamt nicht mehr so richtig dazu taugen, so sind es das Zölibat oder die Exklusivität bestimmter Frömmigkeitsformen, eine hierarchische Konturierung von kirchlichen Strukturfragen, oder scheinbar unaufgebbare ontologische Differenzierungen (Kleriker-Laien; Männer-Frauen; ewiges Naturrecht gegen relativistischen Genderwahn). Allesamt spiegeln sie so etwas wie die Sehnsucht nach dem verlorenen Paradies des Sakralen, der Anderwelt und so wird das Katholischsein wieder in der Aura des supranaturalen Geheimnisses verortet.

Dazu pflegt man interessanterweise wieder jene allzu bekannte, nur scheinbar ‚fromme', antiintellektuelle Attitüde und versucht sich gegen die als moralische Verfallsgeschichte interpretierten Pluralisierungs- und Individualisierungstendenzen der späten Moderne abzuschotten; man predigt das ‚Mysterium' als theologischen Zentralgehalt und ‚Entweltlichung' als Lebensstil. Indes wusste schon Charles Péguy – einer der großen Konvertiten der 1920er Jahre –, dass „nicht jeder Rückzug aus der Welt schon Gottesdienst ist". Das Schicksal des historischen Vorbilds indes lässt erahnen, wohin eine solche Strategie führen wird: ins selbstgewählte Ghetto. Dabei dürfte angesichts des Rückblicks auf die Dynamik des 19. Jahrhunderts eine Mahnung zu beherzigen sein: Der im 19. Jahrhundert beschrittene Weg der katholischen Kirche hat sich letztlich als hervorragender Erfüllungsgehilfe ihrer Gegner erwiesen. Was das in der heutigen Zeit bedeuten würde, muss man an einem Ort wie Magdeburg wohl kaum weiter ausführen.

» Anthropo-Theologie
Zum Dienst der Philosophie

Jörg Splett

‚Anthropo-Theologie' hieß die Programm-Formel, unter der ich 1971 meine Lehrtätigkeit in Sankt Georgen begonnen habe.[1] Die Kernthese lautet: Ernsthaftes Reden vom Menschen spricht tatsächlich immer von Gott – und soll dies in wissender Bejahung tun.

1. Anthropologie und Theologie als philosophische Grunddisziplinen

Vielleicht bietet den besten Zugang eine denkgeschichtliche Besinnung: auf (philosophische) Anthropologie und (philosophische) Theologie als klassische Aufgabengebiete des abendländischen Denkens.

Dass wir es bei der Gotteslehre mit einer Grunddisziplin zu tun haben, dürfte unstreitig sein, jedenfalls insoweit historisch gemeint. Wilhelm Weischedel, der „Wesen, Aufstieg und Verfall der philosophischen Theologie" in einem eindrucksvollen Überblick dargestellt hat, schreibt in der Vorrede: „Die Frage nach Gott bildet ja, mit wenigen Ausnahmen, die gesamte Geschichte der Philosophie hindurch den höchsten Gegenstand des Denkens. Und dies nicht zufällig, sondern aus dem Wesen des Philosophierens heraus. Dieses richtet sich auf das Ganze des Seienden und damit zugleich, als Frage wenigstens, auf das, dem nach alter Tradition innerhalb dieses Ganzen eine so ausge-

---

[1] Jörg Splett, Anthropo-theologie. Zum Verhältnis zweier philosophischer Grunddisziplinen, in: ThPh 48 (1973) 351-370; vgl. auch: Kap. 6: Befreiendes Reden vom Menschen: „Anthropo-theologie", in: Ders., Konturen der Freiheit. Zum christlichen Sprechen vom Menschen, Frankfurt a. M. 1974, ND 1981.

zeichnete, das Ganze gründende und umfassende Stellung zu-
geschrieben wird, wie dies mit Gott der Fall ist."[2]
Schwieriger wird es hinsichtlich der Anthropologie. Während
das Wort ‚Theologie' wohl von Platon eingeführt wurde,[3] kann
man ‚Anthropologie' nicht gleicherweise auf die Griechen zu-
rückführen. Wo Aristoteles „vom ἀνθρωπολόγος spricht, meint
er, was David Ross mit ‚gossip' übersetzt"[4], also jemanden, der
als „Klatschbase" gern über andere plaudert. Dann heißt
ἀνθρωπολογεῖν zunächst einmal so viel wie: anthropomorph
von Gott reden. Es meint also gerade eine bestimmte Weise
von Theologie.[5] Erst vom 16. Jahrhundert an bürgert sich der
Name ‚Anthropologie' ein, als Titel einer Humanwissenschaft,
die einerseits Physiologie und Psychologie ist, andererseits
(besonders in ihrer Affektenlehre) konkrete Ethik.[6] Nach dem
Ende des spekulativen Aufschwungs im Deutschen Idealismus
wird die Anthropologie weithin zur Fundamentalphilosophie.
Und im 20. Jahrhundert sah Max Scheler „die Probleme einer
Philosophischen Anthropologie" geradezu im „Mittelpunkt aller
philosophischen Problematik"[7].

---

[2] Wilhelm Weischedel, Der Gott der Philosophen. Grundlegung einer philosophischen Theologie im Zeitalter des Nihilismus, 2 Bde., Darmstadt 1971-
72 I, XVIII.

[3] Res publ. II 373 a. Vgl. Werner Jaeger, Die Theologie der frühen griechischen Denker, Stuttgart 1953, 12. – Demgemäß meint im ganzen Beitrag
‚Theologie' das philosophische Fach (‚rationale/natürliche Theologie'),
nicht das Gesamt der Fächer und Disziplinen der theologischen Fakultät
(die unterscheidende Schreibung ‚Theo-logie' würde hier den Bindestrich
störend verdoppeln).

[4] Odo Marquard, Anthropologie, in: HWP 1, 362-374, hier 362.

[5] So noch bei Leibniz in der metaphysischen Abhandlung, Nr. 36: Gott ist
„bereit, anthropologische Bezeichnungen zu dulden (souffrir des anthropo-
logies)." Gottfried Wilhelm Leibniz, Hauptschriften zur Grundlegung der
Philosophie (hrsg. v. Arthur Buchenau u. Ernst Cassirer), Hamburg 1966, II
186.

[6] Vgl. Jörg Splett, Philosophische Anthropologie, in: SM (D) 1: 163-168
(dann auch in Herders theologisches Taschenlexikon); Michael Landmann
(Hg.), De Homine. Der Mensch im Spiegel seines Gedankens, Freiburg –
München 1962.

[7] Max Scheler, Die Stellung des Menschen im Kosmos, München 1947, 8.

Man hat darin ein typisches Merkmal der Neuzeit und besonders der Moderne sehen wollen. Doch erstens hat es seit alters – spätestens seit Aristoteles – ‚Fragen über die Seele' gegeben; sie erhielten dann, erstmals wohl durch Melanchthon, den Namen ‚psychologia (rationalis)'. Darüber hinaus war traditionell die Philosophie als ganze ‚Lehre vom richtigen Leben';[8] kreist doch alles Philosophieren um die berühmten Grundfragen Kants: 1. Was kann ich wissen? 2. Was soll ich tun? 3. Was darf ich hoffen? Wobei die drei Fragen schließlich in die vierte münden: 4. Was ist der Mensch?[9]

Steht es aber so, dann geht es eigentlich nicht mehr so sehr um philosophische Disziplinen, sondern eher um zwei Grundentwürfe von Philosophie überhaupt. Wenn Philosophie ‚erste Wissenschaft', das Unternehmen prinzipiellen, radikalen und so umfassenden Fragens ist, als Frage nach dem, was ist und was ‚ist' ist: Ist sie dann wesentlich die Frage nach dem Ursprung und der ursprünglichen Fülle des ‚ist': nach dem Göttlichen? Ist Philosophie also erstlich und so durch all ihre anderen Fragen hindurch (philosophische) Theologie?[10]

Oder ist Philosophie, gerade ob ihrer prinzipiellen Radikalität, zuerst die Frage nach sich, ihrem eigenen Fragen, bzw. nach dem Fragen und der Fraglichkeit dessen, der in ihr fragt: nach dem Menschen? Ist also Philosophie durch alle Probleme und Disziplinen hindurch entscheidend Anthropologie?

Gerät man in diese Alternative, dann wandelt sich unsere Fragestellung erneut. Zwei Grundentwürfe von Philosophie sind ihrerseits philosophische Grundentwürfe; denn Philosophie

---

[8] Siehe Theodor W. Adornos Protest gegen eine ideologische Theoretisierung, die als unwissenschaftlich wie unphilosophisch verwirft, was „für undenkliche Zeiten als der eigentliche [Bereich] der Philosophie galt, seit deren Verwandlung in Methode aber der intellektuellen Nichtachtung, der sententiösen Willkür und am Ende der Vergessenheit verfiel: die Lehre vom richtigen Leben". Theodor W. Adorno, Minima Moralia. Reflexionen aus dem beschädigten Leben, Frankfurt a. M. ²1962, 7; ebd., 99: „Die Aufforderung, man solle sich der intellektuellen Redlichkeit befleißigen, läuft meist auf die Sabotage der Gedanken heraus."
[9] Immanuel Kant, Logik, Königsberg 1800, 25 (Werke [Weischedel] III 448).
[10] Vgl. Aristoteles, Metaphysik IV und VI 1.

kann nicht von anderswoher entworfen werden; sie entwirft sich selbst. (Ernsthaft über – oder auch gegen – Philosophie reden bedeutet stets schon, dass der Redende seinerseits philosophiert.) Zwei Philosophien sind also zwei Weisen von Philosophie im Singular. Und in diesem Sinn ist Philosophie ein singulare tantum: es gibt nur eine, freilich in kontroverser Vielfalt.

Ohne hier den (nicht erst heute beredeten) philosophischen Pluralismus als solchen zu diskutieren,[11] begnügen wir uns mit dem Hinweis, dass in der philosophischen Diskussion nicht durch Ausschluss, sondern durch Einbezug argumentiert wird. Zwei Philosophien liegen also nicht, gleichsam als geistige Areale, nebeneinander, stehen sich auch nicht eigentlich gegenüber, sie durchdringen sich eher wie Dimensionen. Beide bieten eine reflektierte Sicht des Ganzen, wobei zu diesem Ganzen die eigene und die Antwort des andern mit dazugehört. Ihr Unterschied ist darum letztlich der von Perspektiven, und ihre Diskussion – das macht sie so schwierig – geht nicht um Daten und Fakten als solche, sondern um deren Sinn und Stellenwert.

So erscheinen auch θεός und ἄνθρωπος, Theologie und Anthropologie, nicht als Alternative, sondern als Grundkoordinaten einer umfassenden Stellungnahme im Denken. Strittig ist dann die Frage, was ursprünglicher und angemessener sei, was mehr erhelle und weniger verstelle: Philosophie als anthropologische Theologie oder als theologische Anthropologie.

Dabei ist jeder dieser Namen nochmals un-eindeutig, (zumindest) doppelsinnig und darum seinerseits strittig. Was ist anthropologische Theologie und worauf zielt sie: auf Anthropologie oder Theologie (wiederum: welcher Art)? Zielt sie auf den Menschen oder auf Gott? Und entsprechend: ,Was ist und zu welchem Ende studiert man' theologische Anthropologie?

---

[11] Er zeigt sich wegen der Radikalität der Philosophie am deutlichsten darin, dass nicht nur die philosophischen Antworten verschieden ausfallen, sondern dass bereits das Selbstverständnis ihres Fragens, der Philosophie-Begriff, sich von Philosoph zu Philosoph ändert. – Rudolf Spaemann, Philosophische Essays, Stuttgart 1994, 104-129 (Die kontroverse Natur der Philosophie).

2. Reden von Gott als Reden vom Menschen

Anthropologische Theologie – theologische Anthropologie. Beginnen wir mit dem ersten Konzept, einem Programm, das auch so formuliert werden kann: Theologie als Anthropologie – Reden von Gott als Reden vom Menschen. Was ist damit gemeint? 1. Eingangs war vom ἀνθρωπολογεῖν die Rede. Der Mensch redet menschlich von Gott, sein Wort über Gott spricht also sein Gottesbild aus, und dies sagt mindestens ebenso viel über ihn aus wie über seinen Gott.[12] Sagt es gar nur über ihn und seinen Gott etwas aus? Das hieße in Wahrheit: allein über ihn und nichts über Gott? (Zumal dann, wenn dessen Göttlichkeit gerade seine Unsagbarkeit wäre.)

Hier setzt die Religions- und Theologiekritik eines Xenophanes ein (oder hätte man eher zu sagen: seine kritische Theologie?), mit der berühmten Notiz: „Die Äthiopier stellen sich ihre Götter stumpfnasig und schwarz vor, die Thraker blauäugig und rothaarig." Entsprechend würden die Ochsen, wenn sie malen könnten, ochsenähnliche Göttergestalten entwerfen.[13] Hier wird der Gottesvorstellung der Gottesgedanke entgegengehalten.

Einen Schritt weiter geht theologische Selbstkritik, wenn sie auch den Gedanken zur Vorstellung rechnet, um so dem Gott des Menschen im weitesten Sinn Gott selbst als den ‚göttlichen Gott' entgegenzustellen.

Das nächste ist mehr als ein Schritt, eher ein Sprung: ‚über die Linie' zwischen theologischer Selbstkritik und prinzipieller Kritik an Theologie. Jetzt wird die Trennung von Gottesgedanke und Gott als solche zu einer Form von theologischem ἀνθρωπολογεῖν erklärt.

---

[12] Georg Wilhelm Friedrich Hegel, Sämtliche Werke (hrsg. v. Hermann Glockner), Bd. 11, 84: „Die Religion ist der Ort, wo ein Volk sich die Definition dessen gibt, was es für das Wahre hält." – „Daß jeglicher das Beste, was er kennt, – Er Gott, ja seinen Gott benennt" (Johann Wolfgang von Goethe, Was wär' ein Gott ... – Werke [Hamburger Ausg.] 1, 357).

[13] Diels-Kranz Fr. 16 und 15. – Immerhin wäre er auf die theriomorphen Götter (nicht allein) Ägyptens hinzuweisen.

Nicht erst wie man über Gott redet, ist durch die eigene Situation bedingt, sondern schon, dass man es tut; dass der Mensch glaubt, es tun zu können – und zu müssen, entspringt seiner bislang unaufgeklärten condition humaine.

Mit diesem Schritt verbindet sich der Name Ludwig Feuerbachs. Ihm zufolge ist ein theologisches Verständnis von Theologie ein Selbstmissverständnis des Menschen. Die Wahrheit der Theologie wird in der Erkenntnis ihrer Unwahrheit offenbar, oder anders gesagt: ihre Wahrheit ist eine Wahrheit über den Menschen, nämlich, dass er in der Unwahrheit lebt: in der Illusion, es gebe Gott. Erst durch die Zerstörung dieser Unwahrheit kann er in seine Wahrheit gelangen. Die Wahrheit der Theologie ist also die Anthropologie. Und Anthropologie ist zuerst ein Wort über die Unwahrheit des Menschen, um ihn in die Wahrheit seiner selbst zu führen.

„Der Zweck meiner Schriften, so auch meiner Vorlesungen ist: die Menschen aus Theologen zu Anthropologen, aus Theophilen zu Philanthropen, aus Candidaten des Jenseits zu Studenten des Diesseits, aus religiösen und politischen Kammerdienern der himmlischen und irdischen Monarchie und Aristokratie zu freien, selbstbewußten Bürgern der Erde zu machen."[14]

Wie das geschieht, sei in knappstem Überblick anhand der Grundsätze der Philosophie der Zukunft von 1843 gezeigt.[15] Danach ist es zunächst das Verdienst der spekulativen Philosophie (also Hegels), gezeigt zu haben, dass Gott nichts Anderes ist als das Wesen der Vernunft selbst (6). Indem die Vernunft erkennt, dass ihr die Gottesprädikate eignen, wird, was im Theismus (widersprüchlicherweise) Objekt war, zum Subjekt (7). Gott wird, als selbständig existierendes Wesen, geleugnet, das Wesen dieses Wesens aber – seine Eigenschaften – zeigt sich als das von Mensch und Natur: der Pantheismus ist „die nackte Wahrheit des Theismus" (14: 262).

---

[14] Ludwig Feuerbach, Sämtliche Werke [SW] (hrsg. v. Wilhlem Bolin u. Friedrich Jodl), Stuttgart – Bad Cannstatt, 1960ff., VIII 28f. (Vorlesung in Heidelberg 1848).

[15] SW II 245-320. Im Text wird der Paragraph angegeben, nötigenfalls, nach Doppelpunkt, die Seitenzahl.

Indes geschieht diese Leugnung der Theologie auf theologische Weise; das ist für Feuerbach der Selbstwiderspruch von Hegels Philosophie, in der „die Negation des Christentums mit dem Christentum selbst identifiziert" werde (21: 277). Dieser Widerspruch zeigt sich vor allem darin, dass die gesuchte Versöhnung des sich entfremdeten Menschen einzig im Denken, als gedachte erreicht wird. „Die absolute Philosophie hat uns wohl das Jenseits der Theologie zum Diesseits gemacht, aber dafür hat sie uns das Diesseits der wirklichen Welt zum Jenseits gemacht" (24: 282). Statt im Denken müssen Wirklichkeit und Wahrheit im Empfinden aufgesucht werden. Insofern nennt Feuerbach die von ihm entworfene Philosophie „das zu Verstand gebrachte Herz" (34). Wahr und göttlich ist, was keines Beweises bedarf, und dies gilt nur vom Sinnlichen (38).[16]

Nicht mehr ein abstraktes Vernunft-Ich, sondern der konkrete Mensch wird Subjekt solchen Denkens. Damit wird die Wahrheit Fleisch und Blut und so erst Wahrheit (50-52). Fleisch und Blut aber ist der Mensch nicht als Einzelner, sondern als Ich und Du. In dieser Differenz-Identität von Ich-Du hat das Denken nunmehr den wahrhaft absoluten Standpunkt gefunden (56).

Es hat damit jenen Standpunkt erreicht, von dem aus man die theologische Illusion nicht bloß zu zerstören, sondern auch in ihrer Entstehung zu erklären vermag. Sie zeigt sich nämlich als der Wunsch- und Trosttraum denkerischer Einsamkeit. „Einsamkeit ist Endlichkeit und Beschränktheit, Gemeinschaftlichkeit ist Freiheit und Unendlichkeit. Der Mensch für sich ist Mensch (im gewöhnlichen Sinn); Mensch mit Mensch – die Einheit von Ich und Du – ist Gott" (60).

An die Stelle des geträumten Einen, zu dem der Einsame sich flüchtete, an die Stelle sodann des Monologs des einsamen Denkens tritt nun die Wirklichkeit des Dialogs zwischen Ich und Du

---

[16] Man darf ihn jedoch nicht zu platt verstehen – auch nicht sein berüchtigtes Diktum „Der Mensch ist, was er ißt": „Wir sehen nicht nur Spiegelflächen und Farbengespenster, wir blicken auch in den Blick des Menschen" (41: 304). Vgl. Alfred Schmidt, Emanzipatorische Sinnlichkeit. Ludwig Feuerbachs anthropologischer Materialismus, München 1973.

(62), die Einheit des Menschen mit dem Menschen. Darin hat das alte Mysterium der Trinität sich in Tat und Wahrheit erfüllt (63).

2. Hier ist nicht der Ort, diese Position detailliert zu erörtern. Gewiss ist Feuerbachs Illusionismus Voraussetzung, nicht Resultat seiner Philosophie; gewiss stellen psychologische Herleitungen (obendrein hypothetisch) keinen logischen und metaphysischen Einwand dar.[17] Doch sei jetzt nur eine Gegenfrage gestellt, und diese – ihm entsprechend – ‚psychologisch': Methodisches Grundprinzip seiner Deutung ist das Axiom, nicht das Niedere sei aus dem Höheren, sondern das Höhere aus dem Niederen zu erklären; denn das Höhere mache das Niedere überflüssig, könne es also gerade nicht erklären, während das Minus nach dem Plus verlange.[18] Was für ein Denken steht hinter einem solchen Prinzip?

Feuerbach sagt es selbst: „Alles entsteht nur aus Not, Mangel, Bedürfnis."[19] In der Tat, wenn Mangel und Not das Grundgesetz der Wirklichkeit bilden, dann regiert ausnahmslos Notwendigkeit. Denn Freiheit ist immer Freigebigkeit.[20] Überflüssiges, Überschuss gibt es dann nicht[21] – und das Höhere, das vom Niederen her sich aufweisen ließe, wäre nie mehr als die Illusion dieses Höheren: Wunschtraum, Fata morgana.

Wie weit übrigens ist nicht gerade Feuerbachs eigene Schilderung des Ich-Du: dass es Gott sei, von solchen Illusionen gezeichnet?[22] – Hegel, den er kritisiert, hat in der Phänomenologie

---

[17] Siehe Michael von Gagern, Ludwig Feuerbach. Philosophie- und Religionskritik. Die „Neue" Philosophie, München – Salzburg 1970, bes. 309ff.

[18] SW IV 261; VIII 179.

[19] SW IV 261.

[20] Walter Kern, in: MySal II 497.

[21] Das Fachwort für die Nicht-Notwendigkeit des Endlichen: ‚Kontingenz', enthält bezeichnenderweise einen ähnlichen Doppelsinn wie ‚überflüssig'; es besagt einmal ‚Zu-fälligkeit', sodann aber auch ‚Geglücktsein'. Für ein Denken der Freiheit hat eben alles Begegnende den ‚erstaunlichen' Charakter des Nicht-Selbstverständlichen.

[22] Selbst die ‚Anthropologie' der *Zauberflöte* geht nur so weit zu sagen: Ich und Du, „Weib und Mann – reichen an die Gottheit *an*." – Freilich sei nicht unterschlagen, dass später Feuerbach selbst erkennt und ausspricht, mit der Leugnung eines selbständigen (transzendenten) Gott-Subjekts werden auch die göttlichen Prädikate andere. Ich und Du oder auch die Menschheit

des Geistes das Ich-Du-Ereignis nüchterner bestimmt. Auch für ihn erscheint in der Erfahrungsgeschichte des zu sich kommenden Bewusstseins erst mit diesem Ereignis die Wahrheit der Religion: „Das versöhnende Ja, worin beide Ich von ihrem entgegengesetzten Dasein ablassen [...] ist der erscheinende Gott mitten unter ihnen."[23] Aber sie wissen sich statt als Gott als dessen Erscheinung.

Und auf dies Weniger (das dennoch mehr besagt: nämlich zwar bloß Erscheinen, doch von Wirklichkeit – statt bloß deren Anschein) will hier das Programmwort ‚Theologie als Anthropologie' hinaus. Vom Menschen spricht das Reden von Gott nach unserer These nicht im Sinn eines bewusst zu machenden (Selbst-)Missverständnisses des Menschen, sondern im Gegenteil eben insofern, als es – seiner prekären Situation nur allzu bewusstes – Reden von Gott ist.

Das Gemeinte sei an einem häufig angeführten Thomas-Wort verdeutlicht: Nimmt man ‚Sein' im Sinn von wirklicher Existenz, „dann können wir Gottes Sein nicht wissen, sowenig wie sein Wesen", sondern nur im Sinn sprachlicher Setzung. „Wir wissen nämlich, daß dieser unser Satz über Gott wahr ist, wenn wir sagen ‚Gott ist'."[24] Anders gesagt, wir gelangen nicht zu Gott selbst, sondern nur (dies allerdings – wie jetzt nicht zu beweisen[25] – mit Recht) zu unserm Satz über ihn: also nur zu uns.

Sobald man diese Differenz vergäße, und das gesagte Sein Gottes mit dem gemeinten (wirklichen) Sein identifizierte, hätte man die Erscheinung Gottes mit ihm selbst gleichgesetzt. Und das wäre nicht bloß ein einfacher Irrtum: Verwechseln wir ein

---

als Gattung sind dann nicht mehr Gott, sondern gerade der Mensch. Sich hier nach den klassischen Gottesprädikaten (etwa Unsterblichkeit) zu sehnen bedeutete eben jenes religionsbildende Verfangensein in Illusionen, dem die Reife der Unterscheidung von „eingebildeten und vernünftigen Wünschen" (SW VIII 350) noch fehlt.

[23] SW 2, 516.

[24] Sth. I 3, 4 ad 2.

[25] Siehe dafür: Jörg Splett, Gotteserfahrung im Denken, Freiburg – München [4]1995; Denken vor Gott, Frankfurt a. M. 1996; Über die Möglichkeit, Gott heute zu denken, in: HFth, 136-155; aktualisiert in der Neuauflage Tübingen – Basel 2000, 101-116.

Bild mit dem, den es vorstellt, dann kehrt sich die Bildfunktion gerade in ihr Gegenteil. Das Bild stellt ihn dann für uns nicht mehr vor und verstellt ihn sogar; zeigt es doch ihn nur, solange es selbst als Bild bewusst bleibt. Indem es seine Transparenz und Transzendenz verliert, wird es zum Idol. Das Gottesbild ist sozusagen zum Bild-Gott, zum Götzenbild geworden. Bild hat sich ins Gegenbild verkehrt, Erscheinung in verdinglichten Anschein: undurchschaute Scheinbarkeit.

Wird die Ich-Du-Gemeinschaft nicht als Erscheinung (an)erkannt, so wird sie zum scheinbaren – vorgeblichen Gott, d. h., sie wird zugleich Götze und Illusion. Denn der Götze als solcher ist stets Illusion.[26]

Ob man von Gott so ‚objektiv‘ (‚theologisch‘) spricht wie Thomas in seinen ‚fünf Wegen‘ oder ob man eher ‚subjektiv‘ (‚anthropologisch‘) das Sinn- und Gottesverlangen des Menschen artikuliert, in beiden Fällen muss man ausdrücklich sagen, dass man von uns spricht – damit es wirklich Gott sei, von dem solches Reden dann schweigt – den es „erschweigt"[27].

Versuchen wir nun dies beredte Schweigen noch ein wenig zu klären. Damit kehrt die bisherige Fragerichtung sich um: anthropologische Theologie wird zu theologischer Anthropologie. Anders gesagt: aus dem Programm ‚Theologie als Anthropologie‘ wird der Versuch einer Anthropologie als Theologie.

---

[26] Und zwar doppelt: nicht nur hinsichtlich dessen, was er darzustellen vorgibt, sondern damit auch in sich selbst. – Verabsolutierte Liebe ist nicht bloß nicht Gott oder göttlich, sie ist, wie sich nur allzu rasch herausstellt, auch nicht mehr wirklich Liebe.

[27] Martin Heidegger, Nietzsche, Pfullingen 1961, 471. Jean-Paul Sartre: „Da wir nicht schweigen können, müssen wir mit der Sprache Schweigen hervorrufen" (Situationen, Reinbek 1965, 199). Siehe Stefan Raueiser, Schweigemuster. Über die Rede vom Heiligen Schweigen, Frankfurt a. M. 1996. – Darauf zielt das oft als subjektiv missverstandene – und im Streit nicht selten auch sich selbst so missverstehende – transzendentalphilosophische Reden von Mensch und Gott.

3. Reden vom Menschen als Reden von Gott

Auch dieser Entwurf ist nicht eindeutig. Wiederum stehen sich zwei Verständnismöglichkeiten gegenüber und widersprechen einander zwei mögliche Zielrichtungen.

1. Reden vom Menschen als Reden von Gott, das kann integrierend gemeint sein: zum Menschen gehört der Gottesbezug, und stellt so zunächst einen Hinweis an die Humanwissenschaften dar. – Zu einer umfassenden Psychologie des Menschen gehört auch die Religionspsychologie, zu seiner Geschichte die seiner Religionen, zur Soziologie die Untersuchung religiöser Gemeinschaftsstrukturen und so fort. – Sodann: es gehört offenbar nicht nur beiläufig, sondern zentral dazu: „Die Religion ist der Ort, wo ein Volk [und ein Einzelner] sich die Definition dessen gibt, was es [und er] für das Wahre hält."
Das gilt unabhängig von allen weiteren Deutungen dieses Faktums. Auch wer darin nur unseren „längsten Irrtum" sehen wollte,[28] müsste ihn als zentralen, entscheidenden Irrtum bezeichnen. Gewiss bestünde die Täuschung dann auch und vielleicht gerade darin, etwas für zentral zu halten, das es nicht ist (das vielleicht gar nicht ist);[29] doch eben darum wäre diese Illusion nicht nebensächlich. Darum blieb auch für Marx, bei allen Vorbehalten gegenüber Feuerbach, „die Kritik der Religion [...] die Voraussetzung aller Kritik"[30].

„Es könnte (wer kann es wissen; auch das Absurde darf vom Christen gedacht werden) sein, daß die Menschheit sich tatsächlich einmal biologisch zurückkreuzt auf die Stufe einer technisch intelligenten und selbstdomestizierten Australopithekusherde oder eines Insektenstaates ohne den Schmerz der Transzendenz, Geschichte und den Dialog mit Gott, also sich

---

[28] Friedrich Nietzsche, Sämtliche Werke (hrsg. v. Giorgio Colli u. Mazzino Montinari), KSA 6, 80f.

[29] Und ihre Gefährlichkeit läge nochmals darin, nun auch die aufklärende Kritik auf diese quantité négligeable zu fixieren und sie so von ihrer eigentlichen Arbeit abzuhalten. Das hat ja etwa Marx an Feuerbachs Religionskritik kritisiert.

[30] Karl Marx, Werke (hrsg. v. Hans Joachim Lieber), Darmstadt ²1962, 488.

selbst durch kollektiven Selbstmord auslöscht, auch wenn sie biologisch weiterbestünde."[31]

Könnte es aber auch sein, dass er weiterhin Mensch wäre – ohne Gottesbezug? Für den grundsätzlichen Erweis von Möglichkeit und Recht philosophischen Redens über menschliche Freiheit und ihre Gottbezogenheit wurde auf andernorts versuchte Argumentationen verwiesen. Nicht also der Sinn solchen Redens und seine Gültigkeit überhaupt stehen zur Frage; wohl aber ist zu bedenken, wie es seinem Sinn gerecht wird.

Dazu nun hier die These: eine theologische Anthropologie als integrierendes Reden von Gott ist nur vorläufig möglich; und als reflektierendes Reden muss sie ihre Vorläufigkeit wissen und ausdrücklich machen.

Zum Menschen gehört der Gottesbezug? Wird das zunächst als Ergebnis anthropologischer Phänomenologie akzeptiert, dann verlangt der Befund nach seinem Begriff, das Phänomen beansprucht, verstanden zu werden. Dieses Verstehen besitzt seine eigene Dialektik und Stufen der Reflexion. Zuletzt indessen gelangt es vor eine Alternative: entweder wird es zu exklusiver Anthropologie (d.h., statt integrierend, anti-theologisch) oder zu (philosophischer) Theologie. Die Reflexion des Gottesgedankens führt entweder zur Erklärung seiner als Menschengedanken (als Illusion) oder zum darin gedachten Gott.

2. In der Tat kann man sich auf dem bisher bedachten Standpunkt integrierender Anthropologie nicht behaupten, ohne von der zunächst positiv ‚verstehenden' Deutung des Religiösen zu einer „Deutung des Argwohns" (Paul Ricœur) fortzuschreiten, besser: abzusteigen. Man muss dies darum, weil man diesen Standpunkt nur gegen das Selbstverständnis des religiösen Bewusstseins behaupten kann, ihn also so behaupten muss, dass man dessen Sicht als Illusion entlarvt. Entscheidet man sich aber für die positive Deutung, muss man diesen Standpunkt, und damit das religiöse Denken selbst, das man verstehen will,

---

[31] Karl Rahner, Schriften zur Theologie VIII, Einsiedeln 1967, 283 (Experiment Mensch).

übersteigen – nicht indem man es zurücklässt, sondern indem man dessen eigenen Selbstüberstieg nach- und mitvollzieht.

Die Wahrheit des Satzes „Zum Menschen gehört sein Gottesbezug" ist also entweder seine Entlarvung als vielleicht unvermeidliche (‚perspektivische') Täuschung oder sie ist die ihn ‚aufhebende' Umkehrung in den Satz: der Mensch gehört Gott. Das Programm einer ‚Anthropologie als Theologie' führt, wenn es zuletzt auf Anthropologie abzielt, konsequent zu einer ‚Theologie-ohne-Gott', konkret zu einer Anti-Theologie – mit dem utopischen Ziel eines gänzlich beruhigt untheologischen Redens vom Menschen.

Es sei nicht bestritten, dass man sich lange (nicht nur für ein ‚kurzes Leben', sondern auch für eine ‚lange Kunst' und Wissenschaft) im Vorläufigen halten kann. Und vor allem ‚rettet' den Menschen (wie auch die Menschlichkeit seiner Vernunft) nicht selten seine glückliche Inkonsequenz. Doch prinzipiell gilt: ein Reden vom Menschen als Reden von Gott bleibt kein Reden von Gott, wenn es nur um des Menschen willen von Gott spricht.[32] Von Gott spricht es letztlich nur dann, wenn es um Gottes willen von ihm spricht.

Heißt das nun – wie man hört –, vom Menschen sei nicht mehr die Rede – weil er in solchem Verständnis nicht mehr der Rede wert sei?

Immerhin (davon gleich noch) ist er es, der redet, und der damit, wie oben bedacht, immer auch schon von sich spricht. Zwar spricht man eigentlich nicht mehr von Gott, wenn man es letztlich nur des Menschen wegen tut; aber man kann durchaus um Gottes willen vom Menschen sprechen – ja man kann es eigentlich nur so (und kann von hier aus dann sogar auch um des Menschen willen von Gott sprechen, aber eben erst von hier aus: also doch um Gottes willen).

Der Mensch gehört Gott. Das besagt ja: er gehört ‚irgendwo' hin, es gibt Raum für ihn; und wie er selbst ist auch das Reden über ihn nicht ungehörig, sondern durchaus am Platze. Gott ge-

---

[32] Siehe (als Einstieg und Kurzformel zu der mehrbändigen Trilogie) Hans Urs v. Balthasar, Glaubhaft ist nur Liebe, Einsiedeln 1965.

hört nicht nichts, sondern alles. Von allem aber, das wir kennen, ist einzig der Mensch es, der weiß, dass er und alles Gott gehört. Das aber heißt (und ist mehr als ein Wortspiel): er allein gehört zu Gott. Diese Zugehörigkeit macht es, dass der Mensch nicht einfach auf sich selbst hin de-finiert werden kann.

So stieß Feuerbach darauf, dass es nicht genügt, Gott auf den Menschen zurückzuführen; er musste den Menschen seinerseits erklären: aus der materiellen Natur.[33] Mit anderen Worten: ein atheistischer Humanismus wird sich früher oder später nach seiner Humanität fragen lassen müssen; nicht nach der tatsächlich gelebten seiner Vertreter, die den Gläubigen häufig beschämt,[34] sondern nach deren Begründung in seiner Theorie (nicht ohne Rückwirkung auf seine Praxis). – Wie, wenn umgekehrt Sinn und Würde des Menschen nur im Blick auf seine Transzendenz zu Gott gewahrt werden könnten? Ja, entspringen sie nicht erstlich diesem Anruf zum Selbst-überstieg?

Davon wird noch die Rede sein müssen. Zunächst stoßen wir auf den gegengerichteten Einwand. – Wenn Gott in der Definition des Menschen dessen Würde nicht schmälert, sondern vielmehr trägt, schmälert dann nicht eben dies die Würde und Göttlichkeit Gottes? Wird damit nicht doch noch einmal Gott um des Menschen willen behauptet?

Dass alles menschliche Reden zweideutig bleibt, zugleich ‚gerecht und sündig‘, sei zugestanden. Versteht sich die Frage indes grundsätzlich, dann liegt ihr dasselbe Missverständnis zugrunde wie dem humanistischen Atheismus, nämlich die Vorstellung einer Konkurrenz zwischen Gott und Geschöpf, als

---

[33] 1843/44: „Gott war mein erster Gedanke, die Vernunft mein zweiter, der Mensch mein dritter und letzter Gedanke (SW II 388). 1848: „Meine Lehre oder Anschauung faßt sich daher in die zwei Worte Natur und Mensch zusammen. Das bei mir dem Menschen vorausgesetzte Wesen, das Wesen, welches die Ursache oder der Grund des Menschen ist ..., das ist und heißt bei mir nicht Gott – ein mystisches, unbestimmtes vieldeutiges Wort – sondern: Natur, ein klares sinnliches unzweideutiges Wort und Wesen" (SW VIII 26).

[34] Trotzdem scheint die Erinnerung nötig, dass 1. Christen nicht bloß Hexen verbrannt und Juden verfolgt haben und 2. die Absage an den Vater offenbar keineswegs Geschwisterlichkeit garantiert.

wäre nicht Freiheit um so größer, je freier sie macht, je freier sie gibt, und ‚absolute‘ (wörtlich: losgelöste) Freiheit die, die gänzlich freigibt, schlechthin freigebig sich gibt (also, statt losgelöst zu sein, sich – frei, ‚gelöst‘ – hineingibt).

Nichts anderes als dieses Geben anzunehmen versucht das Bekenntnis, das den Hochheiligen unseren Gott nennt. Es nennt ihn so, weil er es sein will. Es rühmt ihn also als den, der er ist: für uns ein menschenfreundlicher Gott – Gott der Menschen.

4. Menschenrede als Gotteswort

Im Rahmen unseres Themas sei dieses ‚In-Über‘ von ‚göttlichem Gott‘ und ‚Gott des Menschen‘ ein Stück weit darauf hin bedacht, dass nach dem Gesagten Menschenrede – über den Menschen wie über Gott – als Gotteswort gesprochen und gehört werden muss. Auch dies jetzt nicht theologisch im Sinn von ‚christlich-dogmatisch‘, sondern durchaus philosophisch verstanden. Der einschlägige Fachausdruck ist schon gefallen: ‚Erscheinung‘.

1. Man könnte ganz schlicht etwa folgendermaßen argumentieren. Insofern ausnahmslos alles, was ist, von Gott erwirkt und erhalten wird, ist ohne Ausnahme alles, was ist, eine Weise, wie Gott erscheint: also auch das menschliche Reden über Mensch und Gott.[35]

Indem aber, „was Gottes ist, […] in seinen Wirkungen sich uns zeigt“[36], wird es von Gott selber gezeigt; denn auch solches Offenbarwerden ist eine Wirkung, also von ihm erwirkt. Gott wird darum nie bloß faktisch erkennbar, und es ist klar – auch wenn es oft nicht anklingt –, dass Gott an seinen ‚Wirkungen‘ nicht gleichsam passiv (gar ob er will oder nicht) erkannt wird; er selbst vielmehr zeigt sich darin, er gibt sich zu erkennen. Was darum Max Scheler gegen die Metaphysik glaubt als religiösen Grundsatz formulieren zu müssen, gilt gerade auch metaphy-

---

[35] Vgl. Sth. I-II 79, 2: Der Akt der Sünde (wenngleich [a 1] nicht die Sünde) ist von Gott.
[36] Sth. I-II 93, ad 1.

sisch: „Alles (wahre) Wissen von Gott ist ein Wissen auch durch Gott im Sinne der Art der Empfängnis des Wissens selber."[37] Ist aber, was uns auf Gott verweist, nicht bloßes Anzeichen seiner, sondern von ihm als Zeichen erwirkt, dann kann es – und damit haben wir die zu erläuternde These erreicht – mit Recht, und nicht bloß bildlich, als sein Wort bezeichnet werden.

Damit wird indes zu wenig deutlich, dass menschliches Reden in einer besonderen, ausgezeichneten Weise Gottes Wort ist. Dazu bedarf es einer weiteren Überlegung.

An dem einen Erscheinungs-Geschehen sind (mindestens) drei Momente zu unterscheiden: 1. der (das) Erscheinende, 2. die Erscheinung, 3. die Adressaten des Erscheinens. Und auf das dritte kommt es jetzt an. Es ist keine Zutat; vielmehr lässt Erscheinung sich gar nicht denken, wenn nicht als Erscheinung für jemanden.

Das gilt gleichsam analytisch bezüglich des Zeichens als Anzeichens; denn ein Effekt wird eben dadurch zum Indiz, dass er als Zeichen aufgefasst wird.[38] Ebenso aber gilt das Behauptete für das Zeichen als Wort. Dass ein Wort (d. h.: gemeintes Zeichen) jemanden meint, gehört wesenhaft zu seinem Begriff (vielleicht ist das mitunter auch ob dieser Selbstverständlichkeit unausgesprochen geblieben)[39].

Dann aber erfüllt es seinen Begriff auch erst dadurch, dass es gehört wird. Zum Wort Gottes (hier, wie gesagt, philosophisch,

---

[37] Max Scheler, Vom Ewigen im Menschen (Ges. Werke 5), Bern – München ⁴1954, 143.

[38] Dies natürlich sachlich begründet, aufgrund nämlich eben seines Effektseins; anders gesagt: ‚an sich' ist jede Wirkung mögliches Zeichen (‚verräterisch'); aber schon dies (nicht etwa erst, dass sie wirklich verrät) gilt nur im Hinblick auf jemanden, der hier erraten könnte.

[39] Gleichwohl hat sicher auch mitgespielt, dass man ‚Wort' eher vom (An-)Zeichen her zu denken versucht hat (wie ja auch den Menschen vom *animal* her), oder vom Monolog bloßen Erkennens her (*verbum mentis*) – statt aus dem Interpersonal-Geschehen von Gespräch. Daher klingen traditionelle Texte oft so, als gehe es um ‚Wirkungen', an denen Gott erkannt wird (als verriete sich einer durch Spuren bzw. Symptome), statt dass man von Zeichen spricht, die jemand gibt – und in denen er sich gibt, also von Wort als Symbol.

als Schöpfer- und Schöpfungswort gemeint) gehört der geschöpfliche ‚Hörer des Wortes'. Seine Wirklichkeit findet das Gotteswort also erst im hörenden Hörer – wobei selbstverständlich, wie eben bedacht, dies Hören seinerseits von Gott erwirkt wird.

Der letzte Satz gilt jedoch in einem doppelten Sinn: einmal bezüglich jeden Wortes, das an seinen Hörer ergeht (biblisches Bild dafür ist die offizielle Benennung der Tiere durch Adam – Gen 2, 19), sodann aber bezüglich dieses Hörers selbst. Sofern erst er die Worte Gottes vollends Wort werden lässt, ist er selbst in wesentlich höherem Sinn Gottes Wort: Wort als nicht bloß Anruf-Zeichen, sondern in Eigenstand dessen Zielwirklichkeit, als lebendige Antwort (Hölderlin sagt: Gespräch).

Personsein, Bewusstsein und Freiheit Gottes zeigen sich zwar auch in der untermenschlichen Schöpfung, aber nicht für sie, sondern allein für Person und Bewusstsein. Sie werden also erst in diesem Sehen sichtbar – und vollends nur durch es: d.h. an ihm: „Unmittelbar und in der Wurzel ist Dasein [= Erscheinung] des Seins [= des Göttlichen] das Bewusst-sein."[40]

Ist also, jenseits der untermenschlichen ‚Spuren' (vestigia), der Mensch das ‚Bild' (imago), d.h. das Wort des Schöpfers, und ist er dies als Bewusstsein und Freiheit, dann ist er es vollendet insofern, als er sich dieses Bildseins frei bewusst ist, es erkennt und anerkennt – und demgemäß bekennt.

In der Sprache der Bibel: „Die Himmel rühmen des Ewigen Ehre" – durch den Mund des Psalmisten. So ist dessen Lied die wahre Ehre Gottes, und dies vollends dann, wenn es selbst diesen Sachverhalt ausspricht, Gott also nicht bloß als Macher

---

[40] Johann Gottlieb Fichte, Sämtliche Werke (1834-1846, Nachdruck Berlin 1971), 440 (Anweisung zum seligen Leben). Und dies gilt so (ebd., 441f.), „daß das Bewußtsein des Seins die einzig mögliche Form und Weise des Daseins des Seins, somit ganz unmittelbar, schlechthin und absolut dieses Dasein des Seins" ist. Nur im Selbstbewusstsein wird Erscheinung gewusst, nur hier weiß Erscheinung sich selbst: als Erscheinung. (Das genannte Hölderlin-Wort für die doppelte [‚vertikal-horizontale'] Dialogizität dieses Wissens: „ein Gespräch wir", steht in der Hymne *Friedensfeier*, siehe: Kleine Stuttgarter Ausgabe [F. Beissner] II 143 und III 430.)

der Sterne, sondern als den väterlich dem Menschen zuge-
wandten preist (siehe Ps 8).

Menschliches Reden von Mensch und Gott tritt in seine offene
Wahrheit, sofern es als Gotteswort gesprochen und gehört
wird.[41]

2. Allerdings (und dieser zweite Satz gehört unabtrennbar zum
ersten) wird menschliches Reden einzig dann als Gottes Wort
gesprochen und vernommen, wenn es als Menschenwort gesagt und gehört wird.

Zunächst ist das wiederum fast trivial. Wenn nur der Mensch
ein mögliches Wort hören kann, dann müssen Worte, sollen sie
vernommen werden können, menschlichen Ohren vernehmbar,
sollen sie verstanden werden können, menschlich verstehbar:
also Menschenworte sein – wer immer auch, auf welche Weise
immer, sie artikuliert.

Nicht diesen Sachverhalt jedoch meint unser Satz in erster Linie,
sondern dessen Bewusstsein. Also das Bewusstsein des Un-
terschieds, ohne welches das eben erwogene Bildsein des Menschen sich in den Gegenbild-Anspruch der Selbstvergötzung ver-
löre. – Es geht um die Erkenntnis und die Anerkenntnis der un-
abstreifbaren Perspektivität unser selbst und unseres Redens.
Und innerhalb dessen darum, dass die verlangte Anerkenntnis
das Gegenteil jeder Art von Resignation ist, geschehe diese in
protestierender Ohnmacht oder ,demütig-ergeben'.

Resignation ist nämlich nicht denkbar ohne den Hintergrund
jenes Absolutheitsanspruchs des Bedingten, von dem wir erkannt
haben, dass er nicht etwa bloß verboten, sondern in sich selbst
strikt widersprüchlich, also in Wahrheit un-möglich ist. – Gefordert ist also positive, bejahende „Annahme seiner selbst"[42].

---

[41] Vielleicht wäre auch in diesem Licht jenes Leibniz-Wort zu bedenken, das
F. H. Jacobi der 2. Auflage seiner Spinoza-Schrift als Motto vorangestellt
hat [nicht in der Werkausgabe]: „J'ai trouvé que la plupart des sectes ont
raison dans une bonne partie de ce qu'elles avancent, mais non pas tant en
ce qu' elles nient" (Die Hauptschriften zum Pantheismusstreit zwischen
Jacobi und Mendelssohn [hrsg. v. Heinrich Scholz], Berlin 1916, 65 Anm.;
die nicht genannte Fundstelle: Philos. Schriften [Gerhardt] 3, 607).

[42] Vgl. Romano Guardini, Die Annahme seiner selbst, Würzburg 1960.

Das schließt freilich ein, es gebe hier etwas Positives, das man positiv annehmen könne. Und eben dies hat unsere These darlegen wollen, die unser so begrenztes Reden in seiner vielfachen Fragwürdigkeit gleichwohl als Gotteswort ansprach. Um es auf unsere Thema-Frage hin zu explizieren: Theologie kann – auch als theologia negativa – ebenso wenig bloße Negativität besagen wie dies bei einer offenen – oder auch negativen – Anthropologie der Fall ist.

Es gibt Konzeptionen negativer Theologie, in denen eigentlich Verzweiflung Wort wird, oder vielmehr: in denen sie verstummt – ob der angeblich totalen Abwesenheit Gottes. Ähnlich Entwürfen „negativer Anthropologie", die (um von jenen abzusehen, die den Menschen überhaupt nicht in den Blick bekommen) nur die Unmenschlichkeit des Menschen artikulieren und so sich darin erschöpfen, in ihrem ‚Elend' die „Reproduktion gegenwärtiger Konstellationen" zu bieten:[43] „gottlos ohne Hoffnung" (Eph 2, 12).

Hier wird demgegenüber positive Negativität behauptet (beredtes Schweigen, hieß es zuvor). Hinsichtlich Gottes ließe sich das mit dem Hinweis des Cusaners verdeutlichen, dass Gott zwar unnennbar ist (genauer: weder nennbar noch unnennbar), aber dennoch die Namen, die wir ihm geben, mit mehr Wahrheit ihm zukommen als irgendwem sonst.[44] Namen, die aus erfahrener Begegnung stammen.[45]

In der Rede vom Menschen aber gründet die Zurückhaltung bezüglich eines jeden ‚Menschenbildes' in der positiven Grunderfahrung seiner Selbsttranszendenz.[46] Der Mensch ist jener,

---

[43] Günter Rohrmoser, Das Elend der kritischen Theorie, Freiburg 1970, 104.

[44] Nikolaus von Kues, Philosophisch-theologische Schriften (hrsg. v. Leo Gabriel sowie Dietlind u. Wilhelm Dupré), Wien 1964-67, II 230-233 (De principio).

[45] Vgl. ebenda III 94 (De visione Dei). Franz Rosenzweig, Kleinere Schriften, Berlin 1937, 526-533 (zum Artikel *Anthropomorphismus* der Encyclopaedia Judaica).

[46] Vgl. Max Müller, Zur Problematik eines „christlichen Menschenbildes". Fragmente aus einem „Traktat über die Freiheit", in: Karl Färber (Hg.), Krise der Kirche – Chance des Glaubens, Frankfurt a. M. 1968, 185-216 (Jörg Splett, „Person und Funktion", in: ThPh [1997] 360-380).

der zur Freiheit, zur Wahrheit, zum Guten gerufen ist, ließe sich sagen. Und was sind diese? Darauf haben die Lehrer zu allen Zeiten und in den verschiedenen Kulturen mit Geschichten statt mit Definitionen geantwortet.[47] Weil eben diesem Selbstüberstieg Geschichte entspringt. Er ist nicht einfachhin das Strukturelement einer bestimmten ‚Natur', sondern je neues Ereignis von Ruf und Folge.

Wenn aber – nach einem schönen Wort Romano Guardinis[48] „meine menschliche Person nichts ist als die Weise, wie ich von Gott gerufen bin, und wie ich auf seinen Ruf antworten soll", immer neu zu antworten habe, dann ist, eben von daher, nichts schon fertig, will sagen: erledigt und so abgetan, sondern dem Menschen und seinem Reden öffnet sich hier, was Karl Rahner die „absolute Zukunft" genannt hat.

Dann gilt hinsichtlich des Redens von Gott: „Jedesmal, wenn die Menschheit ein Denksystem aufgibt, meint sie Gott zu verlieren ... Doch Gott liegt niemals hinter uns, unter alldem, was zurückbleibt. Wohin immer unsere Schritte uns lenken, immer erhebt Er sich vor uns."[49] – Und dann gilt dasselbe bezüglich des Menschen, selbst nochmals angesichts einer möglichen Aussicht wie jener, die zuvor von Karl Rahner skizziert worden ist.

Ist solch ein Begriff nun nicht doch – wie Hegel gegen Kant und Fichte argumentiert hat[50] – das Eingeständnis verzweifelnder Endlichkeit, indem vor dem Maß unendlicher Zukunft die beschränkte Gegenwart faktisch doch zur Unwahrheit wird? – Im Gegenteil. Absolut heißt diese Zukunft ja nicht etwa deshalb, weil sie niemals wirklich würde, sondern eben darum, weil sie sich immer ereignet (in Wieder-holungen), immer und überall auf uns zukommt: stets schon und stets neu.

---

[47] Mit Geschichten, die, ob ausgesprochen oder nicht, in die Aufforderung an den Hörer mündeten: Geh und tu (auf andere: deine Weise) dasselbe.
[48] Romano Guardini, Der Herr, Paderborn [14]1980, 42 (1. Teil 7).
[49] Henri de Lubac, Auf den Wegen Gottes, Einsiedeln – Freiburg 1992, 169. – Zur absoluten Zukunft siehe Karl Rahner, Schriften zur Theologie ab Bd. VI, z.B. IX, Einsiedeln 1970, 519-540.
[50] SW 1, 415 und 419ff.; 7, 35.

Annahme meiner selbst heißt Annahme dieses Geschehens. Sich selbst lernt der Mensch, indem er „Göttliches erleidet", und in solchem Widerfahrnis gibt mir Gott stets auch „zu sagen, [was und] wie ich leide"[51].

Mag das Wort ‚Gott' dabei zuerst nur Prädikat sein („Denn es ist Gott, die Lieben zu erkennen"[52]). Aus dem Geschehen selbst heraus verwandelt sich das Sprechen: benennt es zunächst nur die Qualität eines Augenblicks, einer Stunde, so wird es bald von deren Herrn sprechen, dem sie die Qualität verdanken – und schließlich zu ihm.[53]

5. Denkendes Reden als Wort des Danks

Damit überschreiten wir freilich den Rahmen des Beitrags.[54] Wir gehen darum auch nicht weiter. Aber zum Abschluss sei dieser Überstieg selbst noch bedacht. Nochmals also: zu Sinn und Wesen von Grenze.

Annahme der Endlichkeit unseres Redens dürfe nicht Resignation sein, hat es geheißen. Was ist diese Endlichkeit, was ist die Wahrheit des endlichen Redenden? Und, akzentuieren wir jenes Moment, um das es hier vor allem ging: was ist sein Denken?

Ist Endlichkeit wesentlich Not, „rareté des choses" (Jean-Paul Sartre), dann muss das Denken wesentlich ratio sein: Rechnen und Berechnen hinsichtlich Notdurft und Not-wendigkeit. Mit einer klassischen Unterscheidung gesagt: Denken ist dann vor allem Verstand. Ihn darf man auf keinen Fall verlieren,[55] und

---

[51] Dionysios Areopagita, De divinis nominibus 2, 9: οὐ μόνον μαθών, ἀλλὰ καὶ παθὼν τὰ θεῖα (Migne PG 3, 648). – Johann Wolfgang von Goethe, Torquato Tasso V (Artemis-Ausg. 6, 313).

[52] Euripides, Helena 560. Siehe Karl Kerényi, Die griechischen Götter, in: Albert Schafer (Hg.), Der Gottesgedanke im Abendland, Stuttgart 1964, 13-20.

[53] Von ihm: vgl. die feinsinnige Schilderung der Emmaus-Episode – Lk 24, 13-35. Zu ihm: vgl. den Wechsel von dritter und zweiter Person schon in den Psalmen, dann in den Anthropo-theologien eines Augustinus (*Confessiones*) oder Anselm von Canterbury (*Proslogion*).

[54] Siehe Jörg Splett, Gott-ergriffen, Köln 2001, Kap. 5: Grundakt Gebet.

[55] Vgl. Josef Pieper, Begeisterung und göttlicher Wahnsinn. Über den plato-

eine „überschwengliche" Vernunft (Immanuel Kant) muss schleunigst zu Verstand gebracht werden. Das heißt konsequent – und jetzt ist nicht mehr das Bemühen Kants und des Deutschen Idealismus gemeint, Philosophie zu vollenden, sondern der heutige Versuch ihrer Beendung –: Philosophie ist tunlichst in Wissenschaft (wenigstens Wissenschaftstheorie) zu überführen, in methodisches *savoir pour prévoir pour prévenir*.

Philosophie nun sei hier einmal von außen bestimmt. Eine der zahlreichen ‚Volksmund'-Definitionen, die ein Philosoph von Beruf im Lauf seiner Jahre zu hören bekommt, nennt Philosophie ‚die geistreiche Übersetzung des Unerklärlichen ins Unverständliche'. – Zweifellos seinerseits geistreich. Vielleicht aber (und das führt über die Erwiderung des Kompliments hinaus) birgt dieser Satz mehr Geist, als er weiß?

Allerdings nämlich ist die Philosophie unverständlich: weil den Verstand übersteigend: vernünftig. – Um es mit Hegel zu sagen: Mystisch, d.h. spekulativ. Für den Verstand zwar unbegreiflich, ein Geheimnis, der Vernunft jedoch offenbar. So wird der Verstand, indem er in der Dialektik konsequent zu Grunde geht, in diesem seinem Grund in spekulative Philosophie ‚aufgehoben'.

Verzichten wir jetzt auf eine Diskussion dieser Hegelschen Thesen (so sehr sie einerseits Widerspruch fordern, so sehr kann man sie – mag sein, gegen Hegel – auch in einer Weise lesen, die sie „rettet"[56]). Sie seien einfach als Anstoß geboten. – Zur Verdeutlichung des Gemeinten mag ein Hinweis Martin Heideggers dienen: aus dem Bruchstück eines Feldweggesprächs über das Denken.[57]

Dieses Gespräch findet nicht eine Definition von Mensch und Denken. Doch lässt sich wohl als sein Ertrag formulieren: Der Mensch ist jener, der gerufen ist, das Ereignis zu denken, dass es gibt, was es gibt. Denken hat mit Andenken (Anamnese) zu tun, mit Andacht und schließlich mit Dank (Eucharistie). (Vgl.

---

nischen Dialog „Phaidros" (962), jetzt in: Werke in acht Bänden (hrsg. v. Berthold Wald), Hamburg 1995ff., 248ff.

[56] Jörg Splett, Hegel und das Geheimnis, in: PhJ 75 (1967/68) 317-331; zum ‚Retten' siehe im Ignatianischen Exerzitienbuch Nr. 22.

[57] Martin Heidegger, Gelassenheit, Pfullingen 1960.

auch das Bedeutungsfeld von ‚Aufmerksamkeit'. Undankbarkeit hingegen ist stets auch Gedankenlosigkeit und umgekehrt.) Wäre dies eine mögliche Alternative zum ‚Rechnen'? Das soll nicht etwa besagen, vernehmende Vernunft sei der irrationale Widerpart des vorstellenden Verstandes. Im Gegenteil: während für einen sich normativ setzenden Verstand Vernunft bestenfalls als Luxus verständlich wird (die Skala reicht bekanntlich von ‚Spinnerei' bis zum Vorwurf der Arbeitsscheu und des Verstoßes gegen menschliche Verpflichtungen) liegt der Vernunft an einem intakten Verstand.[58] Es handelt sich also nicht um ein einfaches Entweder-Oder. Dennoch, in der Grundintention hat sich eine Umkehr vollzogen.

Nutzen, Not-wendigkeit hätte solches Gedenken offenbar nicht. Doch wie, wenn eben deren Fehlen seinen Adel ausmachte? „Der Edelmut wäre das Wesen des Denkens und somit des Dankens. – Jenes Dankens, das sich nicht erst für etwas bedankt, sondern nur dankt, daß es danken darf" (66f.). Der Adel des Denkens: des Menschen, wäre dann sein Beruf zu selbstvergessenem Dienst an dem, was sich zeigt. Alle Anstrengung des Begriffs hätte der selbstkritischen Auflösung des Unbegriffenen zu gelten – um des unterscheidenden Aufgangs des Unbegreiflichen willen.[59] Mit einem inzwischen genierlich gewordenen Wort nennen wir es: Geheimnis.[60]

---

[58] Hegel etwa vollzieht seine Dynamisierung des Nicht-Widerspruchs-Satzes in lauter Sätzen, die ihrerseits selbstverständlich diesem Prinzip unterstehen. Vgl. sein Plädoyer für den „verwundersamsten" Verstand in der *Phänomenologie*-Vorrede (SW 2, 33f). (Religiös gesprochen: des Herrn sein heißt zu den Menschen gesandt [‚Apostel'] werden.)

[59] Simone Weil, Cahiers III, Paris 1975, 264: „Man sieht entweder den Staub auf der Fensterscheibe oder die Landschaft dahinter niemals das Glas. Das Abwischen des Staubes dient nur dazu, die Landschaft zu sehen. Der Verstand darf seine Beweis-Arbeit nur tun, um auf die wahren Mysterien zu stoßen, das wahre Unbeweisbare – das Wirkliche. Das Unbegriffene verbirgt das Unbegreifliche und soll deshalb beseitigt werden." (Le non compris cache l'incompréhensible et par ce motif doit être éliminé (in der deutschen Ausgabe [München 1996, 340] ist – m. E. weniger glücklich – von nicht Verstandenem und nicht Verstehbarem die Rede1).

[60] Hierzu : Gott-ergriffen, Ausblick (Umfaßt vom Geheimnis). Bei Giuseppe Ungaretti begegnet das Nichts eines unerschöpflichen Geheimnisses („mi

Doch richten sich Anamnese und Dank zuletzt nicht auf ein Neutrum. Denken voll-endet sich immer von neuem darin, dass es Ihm dankt.

---

resta – quel nulla – d'inesauribile segreto – Vita d'un uomo, Milano [1969] [7]1974, 23: Il porto sepolto). Und dies „Nichts" verdeutlicht sich in einem anderen Gedicht (5: Eterno): „Tra un fiore colto – l'altro donato – l'inespri-mibile nulla. – Zwischen einer gepflückten Blume und der geschenkten – das unausdrückbare Nichts."

» Luther und die Bildung – ein Essay

Stephan Mokry

„Mit der Übersetzung der Bibel ins Deutsche und seinem Einsatz für die Gründung von Schulen machte Martin Luther die Reformation auch zu einer einzigartigen Bildungsoffensive. Er wollte die Menschen befähigen, ihr Gewissen und ihren Verstand zu entwickeln, selbstbestimmte Entscheidungen zu treffen."[1] Mit Sicherheit möchte die Rede zu einer Ausstellungseröffnung, gehalten von Europa-Staatsminister Michael Roth, dessen Institution diese Ausstellung maßgeblich organisatorisch und finanziell unterstützt, Dinge plakativ auf den Punkt bringen, nicht zuletzt die Begründung für das Engagement in der Sache unterstreichen. Jedoch muss ein solches Zitat auch einer genaueren Überprüfung standhalten. Denn in seiner dokumentierten Form wird es unabsichtlich geradezu zum Beleg dafür, wie mit Blick auf unser heutiges Bildungsverständnis, ja hinsichtlich der generellen Frage nach dessen Ursprüngen, das Wirken und die Person Luthers im allgemeinen Bewusstsein zur alles entscheidenden Wegmarke hin auf der Entwicklung zur Moderne stilisiert werden. Diesbezüglich urteilte Henning Schluß kritisch: „Wenn aber der Protestantismus bildungsnah ist, dann ist es doch naheliegend an der Wurzel des Protestantismus auch die Wurzel neuzeitlichen Massenbildungsengagements zu vermuten. Gerade dies ist allerdings nicht der Fall."[2]

---

[1] Rede von Europa-Staatsminister Michael Roth zur Eröffnung der Ausstellung "#Luther goes USA" im Lichthof des Auswärtigen Amts, 29.9.2015 (Skript dokumentiert unter: www.auswaertiges-amt.de/DE/ Infoservice/ Presse/Reden/2016/160929-StM_R_Ausstellung_Luther.html; zuletzt aufgerufen am 6.1.2017).

[2] Henning Schluß, Reformation und Bildung. Ein Beitrag zur Dekonstruktion des protestantischen Bildungsmythos in der Auseinandersetzung mit der Ratsherrenschrift Martin Luthers, in: Ralf Koerrenz/Ders., Reformatorische Ausgangspunkte protestantischer Bildung. Orientierungen an Martin Luther, Jena 2011, 7-30, hier 3.

Die folgenden, kurzen Überlegungen wollen insbesondere die Behauptung von der Reformation als einer einzigartigen Bildungsoffensive und die Rolle Luthers darin einordnen. Damit steht nicht zuletzt die Frage im Raum nach Luther als Identifikationsfigur eines christlichen Bildungsideals.

1. Ausgangssituation

Hierzu ist kurz die historische Situation zu skizzieren. Zunächst gilt es festzuhalten, dass die Zeit um 1500 selbstredend nicht schul- und bildungslos war, wie die Betonung Luthers als Bildungsreformer manchmal suggeriert, im Gegenteil: „Im 15. und frühen 16. Jahrhundert hatte eine enorme Dynamik das Bildungswesen in Deutschland erfasst und erneuert, sowohl in quantitativer als auch in qualitativer Hinsicht."[3] Die Klosterschulen hatten zwar mit dem Aufkommen der Universitäten im Hochmittelalter an Bedeutung verloren, waren aber durch die sogenannten Äußeren Schulen weiterhin wichtige Bildungsträger mit Ausstrahlungskraft. Zudem hatten sich im elementaren Bildungsbereich die Lateinschulen, mittlerweile immer mehr in kommunaler Trägerschaft, etabliert. Gelehrt und gelernt wurde in Orientierung am antiken Ideal der berühmten sieben freien Künste, es gab eine weiterführende Schulbildung und schließlich die Möglichkeit des Universitätsstudiums. Man kann Pluralität im Bildungsbereich attestieren. Dieses ‚System' geriet jedoch infolge von Luthers Auftreten in eine ernste Krise. Dieses Paradox ist einfach wertfrei wahrzunehmen: Einerseits war der Bildungssektor stark binnenkirchlich ausgerichtet. Mit der Infragestellung und schließlich Zerstörung kirchlicher Strukturen, vor allem der Klöster, fielen folglich die Institutionen weg, die Bildung betrieben, ebenso diejenigen Stellen, für deren Erreichung ein bestimmter Bildungsstandard notwendig war. Bildungsstät-

---

[3] Konrad Hammann, Luthers und Melanchthons Bildungsprogramm: Bildung im Dienst des Evangeliums, in: Christopher Spehr (Hg.), Reformation heute. Bd. 1: Protestantische Bildungsakzente, Leipzig 2014, 15-33, hier 19.

ten verschwanden und Studierendenzahlen brachen besonders in den 1520er Jahren teilweise signifikant ein.[4] Bisweilen ist von einer temporären „Verheerung"[5] einer prinzipiell leistungsfähigen Bildungslandschaft dieser Zeit die Rede. Die Reformation und Luther haben diesbezüglich auf alle Fälle eine ursächlich negative Auswirkung. Nicht zuletzt spielte gerade im Schwärmertum noch die Betonung des Heiligen Geistes als Erkenntnisgrund und -medium des gläubigen, durch das Evangelium befreiten Menschen eine Rolle, da die damit gegebene Unmittelbarkeit zu Gott fortan jede vertiefte allgemeine wie theologische Bildung überflüssig erscheinen ließ.[6]

Das alles klingt widersprüchlich, hält man sich vor Augen, dass es ausgerechnet Luther und seine Mitstreiter waren, die sich um eine umfassende Universitätsreform sorgten. Sie hatten ihre reformatorischen Erkenntnisse aufgrund ihres intensiven Studiums und ihrer breiten Bildung gewonnen, dann aber ausgerechnet für die Geringschätzung von Bildung und Studium weiten Kreisen entscheidende Argumente an die Hand gegeben.

2. Luthers Perspektiven

Nun ist es historisch plausibel, genau darin ein Antriebsmoment für Luther zu sehen, sich über Sinn, Zweck und Form von Bildung Gedanken zu machen, die man sogar als Alternative ansehen kann.[7] Diese Gedanken legte er 1524, also in der Hochpha-

---

[4] Vgl. neuerdings exemplarisch und detailliert mit Zahlenmaterial: Norbert Gramsch, Zwischen „Überfüllungskrise" und neuen Bildungsinhalten. Universitätsbesuch und universitärer Strukturwandel in Deutschland am Ende des Mittelalters (ca. 1470 bis 1530), in: Werner Greiling/Armin Kohnle/Uwe Schirmer (Hg.), Negative Implikationen der Reformation? Gesellschaftliche Transformationsprozesse 1470-1620, Köln – Weimar – Wien 2015, 55-80.
[5] Schluß, Reformation und Bildung, 3.
[6] Vgl. ebd., 3f.; auch: Hammann, Luthers und Melanchthons Bildungsprogramm, 19f.
[7] Vgl. Schluß, Reformation und Bildung, 4f., der in seiner Argumentation den utopischen und anachronistischen Entwurf Luthers stark macht, woge-

se der Krise, in seiner Ratsherrenschrift[8] vor. Ähnlich wie schon in seiner Schrift *An den christlichen Adel deutscher Nation*, mit der er die Kirchenreform den Laien, konkret den Adeligen als Getauften zuwies, adressierte er mit dem Text die Verantwortlichen in den Gemeinden und baute so eine letztlich theologisch untermauerte Mahnung gegenüber den Ratsherren auf,[9] sich um Bildung der Kinder und Jugendlichen zu kümmern. Luther erweist sich wie so oft als ganz situationsgebunden, denn es ging ihm nicht um ein systematisch-ausgewogenes Bildungskonzept[10] – wenn man so will, handelte es sich vielmehr um ein Notfallkonzept. Man kann also nicht einfachhin Luther als den maßgeblichen Begründer eines modernen, reflektiert christlichen Bildungsgedankens postulieren, das wäre anachronistisch, zudem der Begriff ‚Bildung' so gut wie gar nicht bei ihm wie Zeitgenossen fällt, in unserer Bedeutungsdimension sogar erst eine viel spätere ‚Erfindung' ist.[11] Gleichwohl lassen sich Äquivalente finden, die wie Puzzlestücke zusammengefügt eine ungefähre Vorstellung erwecken, was Luther bewegte und ihm im Sinn stand. Und das ist ganz stark von seiner eigenen Bildungserfahrung in Kindheit und Jugend geprägt, das heißt durch das Erleben strenger Disziplin, körperlicher Züchtigung und einseitiger Lehr- und Lernmethoden. Diesen Missstand offen zu benennen und dringend Abhilfe schaffen zu wollen, ist sicherlich in der historischen Stunde ein Verdienst Luthers. Auch zusätzlich zur humanistisch geprägten – wenn auch purgierten – Orientierung am antiken Bildungsideal pragmatisch Alltagstauglichkeit und Lebensrelevanz zu fordern, ist wertzuschätzen. Mitunter kann sogar der Eindruck vorherrschen, Luther sei es vor allem um das Ziel, gute und tüchtige Bürger zu erziehen,

---

gen Hammann, Luthers und Melanchthons Bildungsprogramm, 20f. eher den pragmatischen Antrieb Luthers für die Bildungsreform unterstreicht. Vgl. generell auch hinführend: Markus Wriedt, Bildung, in: Albrecht Beutel (Hg.), Luther Handbuch, Tübingen ²2010, 231-236.

[8] WA 15, 27-53.

[9] Vgl. Hammann, Luthers und Melanchthons Bildungsprogramm, 21.

[10] Vgl. Wriedt, Bildung, 232.

[11] Vgl. ebd., 17f.; auch: Schluß, Reformation und Bildung, 8f.

gegangen, er hätte sich zu sehr um eine Art äußeren, nutzbringenden Zweck von Bildung in einer vornehmlich politischen Notlage gekümmert. Das trifft jedoch weitaus mehr auf seine *Predigt, dass man Kinder zur Schule halten solle* aus dem Jahr 1530 zu. 1524 kommt hingegen stark Luthers Stärkung des genuin elterlichen Erziehungsauftrags zum Tragen, der subsidiär – dann aber mit Nachdruck – auch der weltlichen Obrigkeit angelegen zu sein hat. Das Kind als solches stellt er in seiner Individualität und Würde als Adressat von Bildung und Erziehung in den Mittelpunkt. Dazu gehört auch, für Mädchen eine umfassendere Allgemeinbildung zu fordern.

Diese Gedanken substantiell ergänzend, verlangte Luther auch aus genuin theologischen Gründen[12] eine umfassende Bildung: soll sie doch dazu dienen, mündig die Heilszusammenhänge begreifen zu lernen,[13] die Hl. Schrift lesen zu können: „Bereits früh stand für Luther fest, dass sich seine auf das Evangelium gegründete Lehre nur würde durchsetzen können, wenn die Menschen fähig waren, das Wort Gottes zu verstehen."[14] Dieser theologische Antrieb ist sicher sehr hoch anzusetzen.[15] Er speist sich schließlich auch aus dem Menschenbild, wie es im reformatorischen Rechtfertigungsverständnis zutage tritt. Folglich ist der Ermöglichungsgrund von Bildung zu reflektieren, der zugleich etwas über das Ziel von Bildung aussagt. Hier kann man natürlich in dem Gnadengeschenk des Evangeliums, in der Befreiung zum Glauben die entscheidende Weichenstellung sehen. Wenn der Mensch sich sozusagen vor Gott nichts mehr beweisen muss, er sich nicht mehr gleichsam selbst zu perfektionieren braucht im Sinne der Imitatio Christi und der Freischälung des ursprünglichen Imago Dei, dann scheint hier durchaus ein Paradigmenwechsel ausmachbar.[16]

---

[12] Vgl. Wriedt, Bildung, 232.

[13] Vgl. Schluß, Reformation und Bildung, 7.

[14] Heinz Schilling, Martin Luther. Rebell in einer Zeit des Umbruchs, 3. Durchgesehene Auflage, München 2014, 433.

[15] Wriedt, Bildung, sieht ihn sogar als entscheidend an, seine Darstellung entwickelt er von dieser Argumentation her.

[16] Vgl. Martin Hein, Erlösung durch Bildung? Theologische Würdigung und

Freilich steckt in der theologischen Grundierung von Luthers anvisierter Bildungsreform auch einiges an Eigennutz, da sie natürlich darauf abzielt, gut ausgebildete kirchliche Amtsträger zu erhalten.

3. Doch ein moderner Bildungsbegriff?

Wie gesagt: Luther war stark kontextgebunden und situationsabhängig in seiner Publizistik, so sind weniger organisch-systematische Konzeptionen seine Leistung. Es kommt oft auf Einzelbeobachtungen an. Diesbezüglich machte jüngst Henning Schluß eine interessante Beobachtung: In seiner Ratsherrenschrift – in einer kleinen Passage, die erstaunlicherweise in einer Edition von Schriften Luthers und Melanchthons zur Bildung fehlt[17] – entwickelt Luther tatsächlich in Grundzügen so etwas wie einen allgemeingültigen, christlichen Bildungsbegriff.[18] Er plädiert dafür, junge Menschen so zu erziehen, dass sie ihre Talente entdecken und rein theoretisch nun frei die weitere Entfaltung ihrer Persönlichkeit verfolgen können. Das heißt, es sollten nicht vorrangig ständische Bestimmungen ausschlaggebend dafür sein, welchen Beruf und Lebensweg ein Mensch ergreift, sondern gewissermaßen die durch gute Bildung und Erziehung freigelegten, von Gott geschenkten Grundanlagen.[19]

Kritik, in: Christopher Spehr (Hg.), Reformation heute. Bd. 1: Protestantische Bildungsakzente, Leipzig 2014, 163-178, hier 174-178.

[17] Vgl. die Textausschnitte in: Wir sind allzu lange deutsche Bestien gewesen. Volksbildung bei Luther und Melanchthon, eine Textsammlung, herausgegeben und kommentiert von Volkmar Joestel und Friedrich Schorlemmer (Stiftung Luthergedenkstätten in Sachsen-Anhalt 10), Wittenberg [2]2007, 9-20, hier 17.

[18] Vgl. Schluß, Reformation und Bildung, 12f.

[19] Stärker den nutzenorientierten und berufspraktischen Aspekt von Bildung bei Luther betont: Wriedt, Bildung, 236, der diesen Aspekt als lutherisches Spezifikum auch gegenüber einem idealisierten Bildungsverständnisses des Spätmittelalters abgrenzen will.

4. Notwendige Reaktion – Ausblick

Spricht man also im Zusammenhang mit Luther von einer Bildungsoffensive, wie eingangs zitiert, trifft man die historische Ausgangssituation nicht völlig. Vielmehr zeigt sich, dass an einem entscheidenden geschichtlichen Moment für die damaligen Akteure zu reflektieren war, ob die evangelische Wahrheit – wie das Schlagwort in den damaligen kirchlichen Humanistenkreisen hieß – die Notwendigkeit von Bildung obsolet machte, oder ob im Gegenteil Bildung integraler Bestandteil eines evangeliumsgemäßen Menschenbilds sei, weshalb in einem Reflex auf die Infragestellung und den Institutionenverlust inhaltlich wie vor allem auch strukturell Anstrengungen seitens der Reformatoren unternommen wurden, ja werden mussten.

Noch wenig bedacht scheint, wie sehr angesichts starker sogenannter Kirchenhumanisten[20] – der berühmteste: Erasmus von Rotterdam – nicht sogar Luther und Melanchthon herausgefordert waren und eigentlich reagierten. Denn von sich aus hatten sie sicherlich nicht sofort den Anspruch auf eine generelle und bessere, reformatorische Bildungskompetenz erhoben, wie gemeinhin suggeriert wird. Dass Luthers Bildungsengagement sogar irgendwie erst zum Vernunft- und Gewissensgebrauch geführt habe, ist als Behauptung ohnehin mehr als fragwürdig, da entsprechende akademische, also philosophisch-theologische Reflexionen schon deutlich vor Luther die Sache klar darstellen. Zusammenfassend dürfte man aber nicht vollkommen fehlgehen, in den Aktionen Luthers und Melanchthons im Konzert mit den politischen Verantwortungsträgern bei der

---

[20] Vgl. etwa die vier Porträts von kirchenhumanistischen Geistlichen bei: Franz Posset, Unser Martin. Martin Luther aus der Sicht katholischer Sympathisanten (Reformationsgeschichtliche Studien und Texte 161), Münster 2014; zur Rolle der Bildung auf altgläubig-katholischer Seite in den Reformationsjahren vgl. hinführend neuerdings auch: Stephan Mokry, Luthers Gegenspieler? Annäherungen an Erzbischof und Kardinal Albrecht von Brandenburg, in: Ders./Reinhard Grütz/Ludger Nagel (Hg.), Neu hinsehen: Luther. Katholische Perspektiven – ökumenische Horizonte, Paderborn 2016, 98-115, hier 105-111.

Festigung der reformatorischen Überzeugungen im Lauf der 1520er Jahre eine historisch bedingte, dabei angesichts theologischer Grundimplikationen in vielerlei Hinsicht aber auch visionär-fundamentale bildungspolitische Offensive zu sehen.

» Markenzeichen mit Magnetkraft
Zur Arbeit des Ökumenischen Bildungszentrums *sanctclara* Mannheim

Stephan Leinweber

Am 25. April 1999 findet in einer feierlichen Stunde die Grundsteinlegung des Ökumenischen Bildungszentrums sanctclara Mannheim statt. In der Urkunde heißt es unter anderem, „für die Bildungsarbeit in kirchlicher Trägerschaft gelten unter den Bedingungen der Großstadt zwei wesentliche Voraussetzungen: Sie ist Ort für Begegnung, Bildung und Orientierung, für die Einübung des Respekts vor einander, für die Auseinandersetzung mit konkurrierenden Lebensentwürfen und Wertvorstellungen.

Sie ist offen für Spiritualität und Diskurs, auch für die Stadt und ihre Angelegenheiten. Sie lebt im ökumenischen Gespräch, hält Spannungen unterschiedlichen konfessionellen Herkommens aus, macht so ihren unterschiedlichen Reichtum fruchtbar und fördert darüber hinaus den interreligiösen Dialog. Eine solche Bildungsarbeit braucht den öffentlichen, den identifizierbaren Ort ...", mit gastfreundlichen und ansprechenden Räumen.

1.   Die Situation

Mannheim ist eine Großstadt auf dem Gebiet der Erzdiözese Freiburg und der Evangelischen Landeskirche in Baden. Ihre Größe, ihre geographische Lage im Dreiländereck, ihre Tradition bringen es mit sich, dass in ihr Entwicklungen früher und nachhaltiger spürbar werden als in anderen Kommunen des Landes. Demnach werden auch die Herausforderungen für Bildungsarbeit in kirchlicher Trägerschaft und die Notwendigkeit von Neuorientierung kirchlicher Arbeit überhaupt deutlich.

In Mannheims Innenstadt sind alle Funktionen einer Stadt versammelt. Sie ist Verkehrsknotenpunkt und Umschlagplatz von Waren und Weltanschauungen. Sie bietet Raum für das Experimentieren mit neuen Lebensstilen und Lebensformen. Die Kommunikationsabläufe sind bestimmt von Offenheit und Unverbindlichkeit, verbindlich allenfalls in den unterschiedlichen Szenen. Individualismus und Pluralismus haben vielfältige Gesichter, wenn es um Werte und Überzeugungen geht. Eine Vielfalt von Nationen, Kulturen, Religionen und religiösen Überzeugungen begegnen sich hier und auch nicht. In der wiedererrichteten Synagoge und der neuerbauten Moschee dokumentiert sich, zusammen mit sieben christlichen Kirchen, etablierte Religion abrahamitischer Herkunft.

In dieser Situation sind die Kirchen und ihre Kirchen- und Pfarrgemeinden/Seelsorgeeinheiten gefordert, Dialogpartnerinnen zu sein mit einem hohen Maß an innerer und äußerer Präsenz und Glaubwürdigkeit. Denn gerade dort, „wo wir uns in unseren Verhältnissen als Kirche und als Christen so betont der Gesellschaft zuwenden, ist die Ökumene gefragt. In Konfessionen getrennt können wir immer weniger oder gar nichts mehr erreichen. Kirchliche Bildungsarbeit braucht das Konfessionelle nicht zu verleugnen, aber sie muss ökumenisch geprägt sein," sagte Domkapitular Dr. Eugen Maier in seinem Grußwort zur Einweihung des Hauses am 18. Februar 2000. So ist auch auffallend, dass Pfarrgemeinden gerade in der Bildungsarbeit immer häufiger die Kooperationen mit den Schwestergemeinden suchen, auch über die traditionellen Bibelwochen und Weltgebetstage der Frauen hinaus.

Man muss sich deutlich vor Augen halten: Der Bildungsmarkt in dieser Stadt – und nicht nur da – ist inzwischen so weitläufig geworden, dass er kaum mehr zu überblicken ist. Die Kleinanzeigen in den stadtweiten Publikationen sind voll von Kurs-, Vortrags- und Seminarangeboten unterschiedlicher privater Anbieter, vornehmlich zu den Themenbereichen Lebenshilfe und -deutung. In diese Konkurrenz begeben sich die Kirchen mit ihrer Bildungsarbeit – oder sie werden nicht wahrgenommen.

2. Die Marginalität

Vor Eröffnung und Bezug des Ökumenischen Bildungszentrums
sanctclara Mannheim sind die Einrichtungen der Erwachsenenbildung in kirchlicher Trägerschaft einfach nur irgendwo und
irgendwie untergebracht. Die Erwachsenenbildung in evangelischer Trägerschaft 'haust' in dunklen und schmuddelig wirken-
den Kellerräumen, in denen ab und an auch Ratten zu Gast sind.
Die Räume der Erwachsenenbildung in katholischer Trägerschaft haben ihren Ort zwar mitten in der Stadt, aber in ebenso
wenig attraktiven Räumen im 1. und 2. OG eines städtischen
Wohnhauses. Einfach mal hier eine und dort eine Wand heraus
gerissen und schon sind zwei etwas größere rechteckig-
längliche, nicht wirklich gastfreundliche Seminarräume fertig.
Nicht mal ein Stuhlkreis kann gestellt werden. Die Fenster sind
undicht und die Wände wenig liebevoll gestrichen. Das Mobiliar
ist einfach und in schlichtem, wenig einladendem Design gehalten. Alles ist eng und schmal gedrängt, wenig attraktiv und auf
Gäste ausgerichtet oder eingestellt. In beiden Einrichtungen
können die Räume höchstens 25 bis 30 Personen beherbergen.
Für ein größeres Publikum gibt es keine Räumlichkeiten in den
beiden Erwachsenenbildungseinrichtungen. Als Ausweichmög-
lichkeiten dienen höchstens der eine oder andere Gemeinde-
saal der Kirchen- oder Pfarrgemeinde irgendwo in der Stadt.
Aber diese Räume sind ebenso wenig dafür geeignet, dass Menschen gerne dorthin kommen und sich darin wohl fühlen. In
keiner Weise sind die Räumlichkeiten als Lernräume mit ent-
sprechendem Ambiente konzipiert.
Vor diesem Hintergrund und mit diesen Arbeitsbedingungen
droht eine so aufgestellte Erwachsenenbildung in dieser Stadt
in der Marginalität zu versinken. Die Gäste bleiben weg und
orientieren sich anderswohin. Diese Erwachsenenbildung in
kirchlicher Trägerschaft kommt zunehmend immer weniger vor
und wird zusehends auch nicht mehr vermisst.

3. Die Idee

Vor diesem situativen Hintergrund braucht die Erwachsenenbildung in kirchlicher Trägerschaft einen Neuanfang, der in das Stadtbild passt und für die Menschen schmackhaft und einladend ist. Es genügt nicht, dass die Einrichtungen der beiden Kirchen in einer solchen Bildungsarbeit und in einer gelebten Ökumenizität nur zusammen arbeiten. Vielmehr ist die Konsequenz dieser Gemeinsamkeiten und immer intensiver werdenden Kooperation der Bildungseinrichtungen das Erfordernis nach einem öffentlichen und identifizierbaren Ort. Ein offenes Haus muss es sein, nicht einfach nur eine Zusammenlegung unterschiedlicher Einrichtungen zum Zweck der Optimierung von Arbeitsabläufen und Gewinnung von Synergieeffekten. Der Einzug in ein solches Haus bedeutet zuallererst: dem Dialog, dem ökumenischen Dialog einen öffentlichen, einen städtischen Raum zu geben. Dafür braucht es nicht besondere Gelegenheiten und es müssen auch nicht eigens dafür geeignete Orte aufgesucht werden, sondern das lässt sich alltäglich und innerhäusig pflegen. Denn es geht um Einübung, um das Fördern einer Haltung, die es ermöglicht, dass gegenseitige Achtung weiterwachsen kann und Konkurrenz fruchtbar wird, so dass der Reichtum unserer unterschiedlichen Traditionen mehr gilt, weiter und tiefer reicht als das, was einengt und beschränkt.

Aus einer solchen Idee und für dieses gemeinsame Haus gilt es eine tragfähige Konzeption zu entwickeln, die Lern- und Begegnungssituationen ermöglicht im Respekt vor den Menschen. Hierbei soll das hohe Gut der Bildung als Beitrag zur Gestaltung gesellschaftlicher Prozesse gepflegt werden und in der Befähigung zu Dialog und Diskurs zur religiösen und politischen Kultur der Stadt beitragen. Wir machen uns an die Arbeit und beginnen gleichzeitig mit der Suche nach einem solchen Ort, nach einem Haus, das einladend ist, und anzeigt, wie hier gelernt wird. Darüber hinaus gilt es, die Entscheidungsträger und vorgesetzten Dienststellen von einer solchen Idee und Konzeption zu überzeugen und sie für die Realisierung zu gewinnen, zumal ein solches Unternehmen nicht gerade wenig finanzielle Anstrengungen für die Evangelische und Katholische Kirche bedeutet.

4. Die Konzeption

In zehn Sätzen legen wir Idee und Gestalt für eine Erwachsenenbildung und Religionspädagogik – von Anfang an waren die beiden Schuldekane mit im Boot – in einem gemeinsamen Ökumenischen Bildungszentrum und dessen Arbeit im kirchlichen und städtischen Horizont dar:

1. Die Erwachsenenbildung in evangelischer und katholischer Trägerschaft und die beiden Schuldekane wollen die verstärkten Möglichkeiten der Kooperation nutzen. Wesentliches Erfordernis dabei ist das Balancieren zwischen konfessioneller Eigenständigkeit und konfessionsverbindendem Bezogensein. Dabei soll es zukünftig aber weniger um Eigenkirchliches, als vielmehr darum gehen, das ökumenische Anliegen zu promovieren. Es ist ein alltagsrelevanter und damit auch ein essentieller Unterschied, ob zwei oder vier Einrichtungen lediglich kooperieren – oder ob das gewissermaßen zwei Abteilungen derselben Firma unter dem einen Dach tun.

2. Mit einem gemeinsamen Haus haben die Evangelische und die Katholische Mannheimer Kirche einen öffentlichen, einen identifizierbaren Ort ihrer Bildungsarbeit als einer Form von Stadtkirchenarbeit etabliert. Dies zeugt von einem hohen Maß von gemeinsamer und geteilter Verantwortung für Bildung.

3. Das Ökumenische Bildungszentrum ist ein Handlungsfeld der Kirchen in der Stadt. Mit seiner Erwachsenenbildung ist es Teil der öffentlichen Weiterbildung, mit seinem religionspädagogischen Schwerpunkt bezieht es sich auch auf schulische Bildung. Seine Arbeit ist gesamtgesellschaftlich wirksam. Sie fokussiert unterschiedliche Gruppen, die Kirchen, ihren Religionsunterricht, ihre Mitglieder, ihre Mitarbeiterinnen und Mitarbeiter.

4. In den Angeboten nehmen die Kirchen am Leben der Stadt und der Region teil und bringen sich als Dialogpartnerinnen in Fragen von Glauben und Lebensgestaltung über die Grenzen von Pfarrei

und Kirchenmitgliedschaft hinaus ins Spiel. Sie nutzen damit die Chance der Einmischung in die Auseinandersetzung mit konkurrierenden Lebensentwürfen und Wertvorstellungen im Respekt voreinander und den Biografien der Menschen.

5. Das bedeutet zuallererst, dem ökumenischen Dialog einen öffentlichen, den städtischen Raum zu geben, dafür nicht besondere Gelegenheiten und Orte suchen zu müssen, sondern ihn alltäglich und innerhäusig zu pflegen. Es geht um Einübung, um das Fördern einer Haltung, die es ermöglicht, dass gegenseitige Wertschätzung weiterwachsen kann und Konkurrenz fruchtbar gemacht wird. Der Reichtum der unterschiedlichen konfessionellen Traditionen gilt mehr, reicht weiter und tiefer als das, was sie einengt und beschränkt.

6. Dies gilt in wachsendem Maß nicht nur vom interkonfessionellen, sondern auch vom interreligiösen Dialog. Die Einübung einer ökumenischen Haltung über die Christentumsgrenzen hinaus – vor allem im Zusammenleben mit den in der Stadt beheimateten Angehörigen der jüdischen und islamischen Religionsgemeinschaften – wird intensiver Bestandteil der alltäglichen Arbeit sein. So gewinnt der ökumenische Blick an Weite, auch in ihrer Verschiedenheit, in ihrer Fremdheit.

7. Schwerpunkte setzt das Ökumenische Bildungszentrum in den Themenfeldern

o Spiritualität – Religion – Theologie
o Pädagogik und Religionspädagogik
o Gesellschaft – Politik – Wirtschaft – Kultur
o Philosophie – Literatur – Psychologie
o Lebensformen und Lebensgestaltung
o Fortbildung und Beratung von ehrenamtlichen, auch hauptamtlichen Mitarbeiterinnen und Mitarbeitern der Kirchen.

8. Eine Stärke der Arbeit ist die themenorientierte Persönlichkeitsbildung. Im Unterschied zu rein kognitiver Bearbeitung von Themen und im Unterschied zur reinen Selbsterfahrungsgruppe geht es um ein Lernen des ganzen Menschen in der Veränderung von Haltungen und Einstellungen im Kontext seiner Lebenswelt. Zum Profil des Hauses gehört eine spirituelle Grundierung der Kursarbeit.

9. Dem Haus ist der engagierte Blick in die Trägerkirchen selbstverständlich. Ihm ist wichtig, dass die Kirchen in ihrer Verschiedenheit an Einsichten des ökumenischen Wegs partizipieren können. Das Ökumenische Bildungszentrum stellt den Kirchen- und Pfarrgemeinden seine Ressourcen, seine Infrastruktur zur Verfügung – durch Fortbildungen, durch Beratung bei der Planung von Seminaren und Tagungen, durch die Vermittlung von Referentinnen und Referenten, durch Hilfen bei der Durchführung und der Auswertung von Veranstaltungen, bei der Publikation von Veranstaltungen, nicht zuletzt durch seine Medienstelle.

10. Leitpublikation des Hauses ist das zweimal jährlich erscheinende Programm-Journal. Es hat eine wichtige Funktion nicht nur für die Arbeit des Hauses, sondern auch für das Öffnen und Offenhalten von Kirchentüren. Mit den Themen, die es setzt, mit den Veranstaltungsformen, mit der Öffentlichkeit, die gerade auch unter den „treuen Kirchenfernen" hergestellt wird.

Ganz bewusst haben wir offene Sätze formuliert, denn eine Konzeption für ein solches Ökumenisches Bildungszentrum muss und wird sich (weiter)entwickeln im gemeinsamen Gehen eines Weges aller an der Arbeit Beteiligten.

Zu den Grundlagen der Arbeit des Ökumenischen Bildungszentrums gehört auch die im Mai 2003 von sechzehn Kirchen unterzeichnete Charta Oecumenica. Darin verpflichten sich die Kirchen, ihren Beitrag zur Einheit Europas, zur Wahrung der Menschenrechte, zur Bewahrung der Schöpfung und des Friedens, zur Versöhnung der Völker und zur ökumenischen Kooperation zu leisten. Sie verpflichten sich darin,

o der apostolischen Mahnung des Epheserbriefes („Bemüht euch, die Einheit des Geistes zu bewahren durch den Frieden, der euch zusammenhält. Ein Leib und ein Geist, wie euch durch eure Berufung auch eine gemeinsame Hoffnung gegeben ist; ein Herr, ein Glaube, eine Taufe, ein Gott und Vater aller, der über allem und durch alles und in allem ist" [Epheser 4, 3-6]) zu folgen und sich beharrlich um ein gemeinsames Verständnis der Heilsbotschaft Christi im Evangelium zu bemühen;

o in der Kraft des Heiligen Geistes auf die sichtbare Einheit der Kirche Jesu Christi in dem einen Glauben hinzuwirken, die ihren Ausdruck in der gegenseitig anerkannten Taufe und in der eucharistischen Gemeinschaft findet sowie im gemeinsamen Zeugnis und Dienst.

Mit der Entscheidung der beiden Kirchen in den beteiligten Gremien, ein solches Bildungszentrum zu wollen, setzen die Kirchen einen deutlichen Akzent wider die Tendenzen der Marginalisierung und Selbstmarginalisierung von Kirche in dieser Stadt und Gesellschaft. Und so gewinnt die Hoffnung Gestalt, dass ein Ökumenisches Haus derer, die in dieser Stadt Bildungsarbeit in kirchlicher Trägerschaft betreiben, notwendig Impulse setzen wird für die persönliche Orientierung von Menschen, für den innerkirchlichen, den städtischen, den ökumenischen und den künftig immer stärker werdenden interreligiösen Dialog.

5. Das Haus

Der nächste Schritt wird gegangen mit der Planung und Realisierung eines Ökumenischen Bildungszentrums Mannheims. Gemeinsam mit dem evangelischen und mit dem katholischen Schuldekan wird ein Haus in der Innenstadt gebaut und belebt, welches neben den notwendigen Büros und der gemeinsamen Medienstelle Räume der Bildung und Begegnung bereitstellt.

Die vier beteiligten Einrichtungen, so formulieren wir im Kooperationsvertrag, arbeiten mit Menschen in unterschiedlichen öffentlichen und privaten Lernsituationen des Lebens. Hintergrund der Arbeit ist das Freisein und Bezogensein im gemeinsamen christlichen Glauben. In der Geschwisterlichkeit sehen wir eines der besten Stücke christlicher Tradition. In der Fähigkeit zu Dialog und Diskurs tragen wir bei zur religiösen und politischen Kultur der Stadt. Ein gastfreundliches Haus soll es sein, das gut tut und Lust auf Lernen und Begegnung macht. Es entsteht ein Haus mit fünf Stockwerken, hellen und einladenden Räumen, einem Café, in dem sich die Besucher und Besucherinnen in den Pausen stärken können. Unterm Dach wird ein

Raum der Stille ausgebaut. Ein Raum zum Zurückziehen, für Zeiten der Stille, des Gebets, ein Raum für Meditationsgruppen, aber auch kleinere Gesprächsgruppen.

Ein Ort, an dem Menschen in der Vielfalt ihrer geistlich-spirituellen und gesellschaftlichen Möglichkeiten sich begegnen, sich austauschen, sich informieren, sich anregen lassen, Orientierung gewinnen in religiösen, persönlichen und gesellschaftlichen Fragen.

6. Bildung und Ökumene – alltäglich und unter einem Dach

Das Ökumenische Bildungszentrum sanctclara ist mittlerweile – nach nunmehr 16 Jahren – ein Handlungsfeld der Kirchen in dieser Stadt geworden. Die Motive, die zur Gründung führten, sind ebenso vielfältig, wie auch die „kairoi", die günstigen Zeitpunkte, deren es bedurfte, dass dieses Haus mitten in den Mannheimer Quadraten entstehen konnte. Es zahlt sich aus, dass die beiden Kirchen in ein gemeinsames Haus investiert haben: auf vier Stockwerken, ungefähr 700 qm, mit Veranstaltungsräumen, einer Medienstelle, Konferenzräumen und Büros, sowie einem Raum der Stille unter dem Dach. Bildung in kirchlicher Trägerschaft hat mitten in der Stadt einen öffentlichen und identifizierbaren Ort.

Das Bildungsprofil orientiert sich mit seinen Seminaren, Kursen, Vorträgen und Events am Menschen. Das Eröffnungsmotto im Jahr 2000 – Hartmut von Hentig entlehnt – trägt bis heute: „Die Menschen stärken, die Sachen klären".

Die Standbeine im Haus sind heute Ökumene, Bildung und Spiritualität. Durch Begegnungen und Erfahrungen von Spiritualität und Bildung im Haus entstand unter vielen Gästen und im sanctclara-Kollegium der Wunsch nach vertiefter geistlicher Gemeinschaft. In einem Prozess gemeinsamen Erlebens und Nachdenkens gründet sich 2007 die Ökumenische Gemeinschaft sanctclara Mannheim. Diese Gemeinschaft versteht sich als Weggemeinschaft und verfolgt das Ziel, ihr geistliches Leben in unterschiedlichen Formen gemeinsamer und individueller Spiritualität zu gestalten. Spirituelle Angebote, die die Gemeinschaft entwickelt und trägt, sind grundsätzlich offen und sprechen Menschen in ihren unterschiedlichen Lebenssituationen an. Die Gemeinschaft lebt die Einheit der Kirche und hält die Verpflichtung der Kirchen zur Einheit wach und fördert Bildung als wesentlichen Auftrag der Kirche.

In all dem bleibt Bildungsarbeit auch unter dem gemeinsamen Dach Schwarzbrot, Alltagsarbeit eben und das Bestehen von Konkurrenzen auf dem weiten Markt säkularer Bildungs- und Sinnanbieter. Doch ist sie mit diesem institutionalisierten ökumenischen Rahmen, mit ihrer Adresse gewichtiger und anerkannter geworden, nicht mehr zu übersehen. Mit gängigen Standards beschrieben: innovativer und zukunftsfähiger. Das Christliche gewinnt Nachhaltigkeit und setzt sich zugleich in Beziehung zu anderen Lebensdeutungen und Lebensentwürfen.

» Der Mensch als Zweck oder Mittel?

Herausforderung für die kirchliche Erwachsenenbildung im Spannungsfeld von Bildung und Ökonomisierung[1]

Florian Wallot

Spätestens seit PISA-Studie und Bologna-Reform ist augenfällig, dass bildungspolitische Entscheidungen zumindest auch einem ökonomischen Kalkül folgen. Die Erwachsenenbildung spürt dies zumeist in der budgetgesteuerten Bevorzugung beruflicher Weiterbildung gegenüber allgemeiner Weiterbildung. (Weiter-) Bildung wird nicht als absichtslose Entfaltung der Persönlichkeit und individueller Potentiale verstanden, sondern, nach dem Kosten-Nutzen-Prinzip bewertet, als Optimierung der individuellen Leistungsfähigkeit für den ökonomischen Prozess. Die Entwicklung hin zu einer zunehmenden oder gar ausschließlichen Marktförmigkeit pädagogischer Handlungsfelder scheint irreversibel, die Frage, wie seitens der kirchlichen Erwachse-

---

[1] Der Beitrag verdankt sich einem Arbeitskreis unter dem ursprünglichen Titel „Der Mensch als Zweck oder Mittel? Christliches Bildungsideal vs. ökonomische Nutzenorientierung von Bildung" bei der Tagung „Die Reformation – ein Bildungsgeschehen?", 28./29.10.2016 in Magdeburg. In der Bearbeitung des Themas entwickelte sich aber aus zwei Gründen ein gewisses Unbehagen mit dieser Überschrift. Zum einen scheint es keineswegs ausgemacht, dass es ein (vermeintlich exklusives) christliches Bildungsideal gibt, und nicht viel mehr ein pädagogisches Bildungsideal, oder einen pädagogischen Bildungsbegriff, oder pädagogische Definitionen von Bildung, das oder die aus guten Gründen von z.B. kirchlicher Erwachsenenbildung affirmiert wird oder werden. Zum anderen ist es fraglich, ob zwischen einem wie immer begründeten Bildungsbegriff und einer ökonomisch motivierten Nutzenorientierung von Bildung tatsächlich ein ausschließlicher Widerspruch besteht, oder ob gewisse ökonomische Momente sogar grundlegend für eine sachgemäße Bildungsarbeit sind. Deshalb seien folgende Überlegungen zur Themenstellung des Arbeitskreises unter eine Überschrift gestellt, in der Wertungen im oben genannten Sinne ausgespart bleiben.

nenbildung mit dieser Entwicklung konstruktiv umgegangen werden kann, ist nicht abzuweisen.

In diesem kleinen Beitrag, der lediglich Aspekte der aus der Ökonomisierung der Bildungsarbeit erwachsenden Herausforderungen thematisieren kann, soll, nach einigen einführenden Gedanken zu den mit der Ökonomisierung zusammenhängenden Transformationsprozessen, eine These zur Sprache kommen, die die Herausforderung des Spannungsfelds zwischen Ökonomisierung und Bildung spezifisch für die Erwachsenenbildung zuspitzt.

1. Mensch und Bildung

Wenn in knapper Form von komplexen Sachverhalten – und sowohl ‚Mensch' als auch ‚Bildung' gehören zweifellos in diese Kategorie – gesprochen werden soll, ist es hilfreich, sich im Rahmen des Diskurses auf handhabbare Definitionen zu verständigen. Der Bildungsbegriff soll vorerst mit Volker Ladenthin so gefasst werden: „Bildung heißt, das zu lernen, was einem hilft, sachlich angemessen und mitmenschlich zu handeln – und sein Leben sinnvoll zu gestalten"[2]. Bedauerlicherweise scheint es in diesen Tagen wieder geboten, darauf zu verweisen, dass ‚Mensch' nicht bloß biologisch ein Exemplar der Gattung Homo sapiens bezeichnet, sondern die oder den so bezeichneten nicht als etwas, sondern jemanden kennzeichnet, der oder dem qua dieses Menschseins eine unveräußerliche Würde und unveräußerliche Rechte nicht nur zugesprochen, sondern unbedingt anerkannt werden.

---

[2] Volker Ladenthin, PISA und Bildung? Volker Ladenthin im Gespräch mit Rolf-Michael Simon, in: Neue Ruhr Zeitung, 18.11.2007 (zitiert nach Jochen Krautz, Bildung als Anpassung? Das Kompetenz-Konzept im Kontext einer ökonomisierten Bildung, in: Fromm Forum 13/2009, 87-100). Ladenthin formuliert hier ein Bildungsverständnis in a nutshell, weitere Hinweise zum hier grundgelegten Bildungsverständnis bei Ralph Bergold/Reinhold Boschki, Einführung in die religiöse Erwachsenenbildung, Darmstadt 2014, 47f.

Erwachsenenbildung bedeutet Arbeit mit mündigen Menschen, nicht Arbeit an Objekten. Bildungsarbeit steht immer unter dem Anspruch, den Personen, die ihr als Bildungspartner begegnen, gerecht zu werden. Dies rekurriert letztlich – auch wenn sich in den meisten Situationen erwachsenenbildnerischer Tätigkeit diese Frage nicht in letzter Konsequenz stellt – auf die Würde der Personen als Menschen. Damit steht erwachsenenbildnerisches Handeln immer und aus sich heraus unter Objektivierungsvorbehalt.[3] Mindestens bildet so die Menschenwürde stets den normativen Horizont oder Fluchtpunkt pädagogischer Praxis. Diese Einsicht geht zurück auf das Instrumentalisierungsverbot Immanuel Kants. In seiner Metaphysik der Sitten schreibt Kant: „der Mensch kann von keinem Menschen (weder von Anderen noch sogar von sich selbst) blos als Mittel sondern muß jederzeit zugleich als Zweck gebraucht werden, und darin besteht seine Würde"[4]. In keiner zwischenmenschlichen Begegnung (vielleicht ausgenommen der idealen gegenseitigen Hingabe selbstlos Liebender) fehlt das Moment der Objektivierung des Anderen. Es muss aber immer im Sinne einer moralischen Pflicht praktisch (!) zur Geltung kommen, dass der Andere als

---

[3] Hierbei geht es um die sogenannte Objektformel, die die Rechtsnorm aus Art. 1, Abs. 1 GG („Die Würde des Menschen ist unantastbar") ex negativo bestimmt. Art. 1, Abs. 1 GG ist nach gängiger Lesart so zu verstehen, dass die Menschenwürde verletzt wird, „wenn der konkrete Mensch zum Objekt, zu einem bloßen Mittel, zur vertretbaren Größe herabgewürdigt wird" (Günter Dürig, in: Theodor Maunz/Ders., Grundgesetz. Kommentar, Loseblattsammlung seit 1958, Art. 1 Abs. 1 Rn. 28, 34).

[4] Immanuel Kant, MS, AA VI, 462, 21-24. Im Ganzen lautet der Abschnitt: „Die Menschheit selbst ist eine Würde; denn der Mensch kann von keinem Menschen (weder von Anderen noch sogar von sich selbst) blos als Mittel, sondern muß jederzeit zugleich als Zweck gebraucht werden, und darin besteht seine Würde (die Persönlichkeit), dadurch er sich über alle andere Weltwesen, die nicht Menschen sind und doch gebraucht werden können, mithin über alle Sachen erhebt. Gleichwie er also sich selbst für keinen Preis weggeben kann (welches der Pflicht der Selbstschätzung widerstreiten würde), so kann er auch nicht der eben so nothwendigen Selbstschätzung Anderer als Menschen entgegen handeln, d. i. er ist verbunden, die Würde der Menschheit an jedem anderen Menschen praktisch anzuerkennen, mithin ruht auf ihm die Pflicht, die sich auf die jedem anderen Menschen nothwendig zu erzeigende Achtung bezieht" (ebd., 21-32).

Mensch jederzeit Zweck seiner selbst ist und Teil hat an der in seinem Menschsein begründeten personalen Würde.

Aus diesen Vorüberlegungen lassen sich Konsequenzen für den Bildungsbegriff ableiten. Bildung steht immer auch in einem Kontext von Kalkülen: Kosten, Nutzen, Perspektiven für persönliche Entwicklung, Fremderwartungen u.v.m. Demgegenüber muss aber immer – um der Menschen als Adressaten der Bildungsarbeit willen – festgehalten werden, dass vor allen anderen Erwägungen die Personwürde Kriterium der Bildung bleibt. Bildung soll eine freie, selbstgesteuerte und selbstverantwortete Entwicklung ermöglichen und unterstützen. Sie hat eine pädagogische Verantwortung, diese Anforderung konzeptionell allen Bildungsangeboten zu Grunde zu legen, damit mögliche weitere Anforderungen an die Veranstaltung transparent werden. Konkret bedeutet dies, dass Erwachsenenbildung sekundäre Interessen, z.B. wirtschaftlicher oder institutioneller Art, ausweisen und gegenüber der Autonomie der sich bildenden Menschen rechtfertigen muss. Dies bedeutet gerade nicht, dass allgemeine Bildung im oben beschriebenen Sinn ohne Bezug zur Praxis steht. „Allgemeine Bildung ist zweckfrei, aber nicht zwecklos"[5] – in dieser Kurzformel treffen sich beide Pole: die der Menschenwürde geschuldete Zweckfreiheit und die Handlungsrelevanz von Bildung. Diese Anforderungen an die Konzeption von Bildung lassen sich auch auf das Bildungsziel ausweiten: Der Achtung der Autonomie der Adressaten korrespondiert eine ethisch verantwortete Bestimmung der Bildungsziele bzw. eine Wertorientierung.

2. Megatrend Ökonomisierung

Dass Ökonomisierung bzw. Vermarktlichung[6] eine zunehmende und andauernde Transformation vielfältiger Lebens- und Wis-

---

[5] Jochen Krautz, Bildung als Anpassung? Das Kompetenz-Konzept im Kontext einer ökonomisierten Bildung, in: Fromm Forum 13/2009, 87-100, hier 89.
[6] Vgl. Ralf Ahrens/Marcus Böick/Marcel von Lehn, Vermarktlichung. Zeithis-

sensbereiche und eben auch der Pädagogik in die Logik des Marktes zutreffend beschreibt, kann hier nicht weiter problematisiert, sondern muss vorausgesetzt werden – dies aber nicht ohne den Verweis auf Konrad Liessmann als einen der wesentlichen Analytiker dieser Transformation des Bildungsverständnisses. Bildung wird in politischen und wirtschaftlichen Programmen oft deshalb eine hohe Priorität zugebilligt, weil die These vom Wandel der Industrie- in die Wissensgesellschaft insinuiert, durch Bildung erlangtes Wissen werde zunehmend die geldwerte Ressource schlechthin. Daher rührt auch die Tatsache, dass Bildung „heute mit einem System von Schlagworten begründet und ausgestaltet [wird], die allesamt der Betriebswirtschaft und nicht der Pädagogik entliehen sind"[7]. Ökonomisierung bezeichnet die Transformation des pädagogischen in das ökonomische Paradigma. Demgegenüber vertritt Liessmann die These, „dass nicht die Wissensgesellschaft die Industriegesellschaft ablöst, sondern umgekehrt das Wissen in einem rasanten Tempo industrialisiert wird"[8]. Die Ressource der Gegenwart ist nicht Bildung im Sinne kritischer Distanzierung zu herrschenden Verhältnissen und deren Reflexion, sondern nach ökonomischen Gesichtspunkten strukturierte und fragmentierte Information. Bildung wird ersetzt durch Informiertheit, die aber nicht mehr um sich selber weiß. Marktkonform werden Informationen zu handhabbaren Produkten, die aber nicht mehr in einem Zusammenhang stehen bzw. in einem solchen thematisiert werden. Dadurch wird in Konsequenz Bildung ersetzt durch bloßes Wissen. Liessmann benennt dieses bloße Wissen von Informationspartikeln als Unbildung, und meint letztlich das, was schon Theodor W. Adorno Halbbildung nennt.[9]

---

torische Perspektiven auf ein umkämpftes Feld, in: Zeithistorische Forschungen/Studies in Contemporary History 12 (2015) 393-402.

[7] Krautz, Bildung als Anpassung?, 89.

[8] Konrad Paul Liessmann, Theorie der Unbildung. Die Irrtümer der Wissensgesellschaft, Wien 2006, 39.

[9] Vgl. Theodor W. Adorno, Theorie der Halbbildung, in: Ders., Gesammelte Schriften. Band 8: Soziologische Schriften I. Frankfurt a. M. 1972, 93-121. Dazu Axel Hutter, Halbbildung, in: Ders./Markus Kartheininger (Hg.), Bil-

Ein zeitgenössischer Marker für diese Transformation der Bildung ist der Kompetenzbegriff. Bildung im Sinne kritischer Reflexion der Zusammenhänge wird in die messbare Größe ‚Kompetenzen' als ihr Surrogat umgewandelt.[10] Kompetenzen sind die den Markterfordernissen angepassten skills, die in der Marktlogik passgenau die Nachfrage nach Arbeitskraft mit dem Angebot an Humankapital zur Deckung bringen sollen. Der Rekurs auf Kompetenzen definiert das Ziel von Bildungsanstrengungen als das, was Liessmann „Employability" nennt.[11] Im Blick auf das Individuum als ihren Träger sind Kompetenzen vor allem „Selbstorganisationsdispositionen"[12], die ihm die Marktanpassung ermöglichen. So kommt über den Kompetenzbegriff der Begriff des unternehmerischen Selbst in den Blick.

3. Das unternehmerische Selbst

Insofern es ein Signum kapitalistischer Wirtschaftsordnungen ist, dass Marktmechanismen Steuerungsfunktionen für das gesamte System des Wirtschaftens zugesprochen werden und Ökonomisierung als Ausweitung eben dieses kapitalistischen Paradigmas des Marktes auf alle sozialen Handlungsfelder verstanden wird, läge es im Rahmen einer Fachtagung anlässlich des Reformationsgedenkens nahe, mit Max Webers *Die protestantische Ethik und der Geist des Kapitalismus* in das Thema

---

dung als Mittel und Selbstzweck. Korrektive Erinnerung wider die Verengung des Bildungsbegriffs, München 2009, 209-227.

[10] Vgl. Krautz, Bildung als Anpassung?, 91.

[11] „Schüler sollen nach PISA nicht lernen, nach dem Sinn des Lernens zu fragen, sondern sie sollen Aufgaben lösen, gleichgültig welche. Der von PISA als kompetent Geprüfte soll später einmal ebenso Babynahrung produzieren können wie Landminen. Angesichts der Kriterien von PISA (und einer auf PISA ausgerichteten Schule) sind beide Aufgaben gleich gültig. Und sie bedürfen der gleichen Kompetenzen" (Ladenthin, PISA und Bildung?).

[12] John Erpenbeck/Lutz von Rosenstiel (Hg.), Handbuch Kompetenzmessung. Erkennen, verstehen und bewerten von Kompetenzen in der betrieblichen, pädagogischen und psychologischen Praxis, Stuttgart 2003, XI.

einzusteigen. Aber weder auf das Selbst noch das Unternehmertum kann die Reformation ein Patent anmelden. Beider Wurzeln liegen der Reformation voraus in der Renaissance. Herbert Lüthy hat die Weberrezeption und ihre These der Geburt des Kapitalismus aus dem Protestantismus als Trivialhistorie entlarvt und übereinstimmend mit Hugh Trevor-Roper darauf hingewiesen, dass die Ursprünge des Kapitalismus (Unternehmertum, Bankenwesen) um das Jahr 1500 – verkörpert u. a. durch die Fugger und Medici – zu finden sind, und erst der posttridentinische Katholizismus im Verbund mit absolutistischer Fürstenmacht das private wirtschaftliche Engagement beschränkte und somit protestantisch regierte Gebiete einen Wettbewerbsvorteil im kapitalistischen Sinne entwickeln konnten.[13] Das Selbst im modernen Verständnis artikuliert sich paradigmatisch in Giovanni Pico della Mirandolas Adaption der Schöpfungserzählung. Hier spricht Gott zum Menschen: „keinen bestimmten Sitz, keine eigentliche Gestalt, kein besonderes Erbe haben wir dir, Adam, verliehen, damit du habest und besitzest, was du immer als Wohnung, als Gestalt, als Wesensausstattung dir wünschen mögest ... Denn du selbst sollst, nach deinem Willen und zu deiner Ehre, dein eigener Werkmeister und Bildner sein und dich aus dem Stoffe, der dir zusagt, formen"[14]. Allerdings rekurriert der Protestantismus auf dieses erwachte Selbst, insofern durch die Ablehnung einer verfassten Kirche das Individuum theologisch in den Fokus rückt: „Jedes Individuum steht nicht bloß unmittelbar in Geist und Gedanken seinem Gott gegenüber, sondern es steht auch auf eigene Weise und in eigenem Sinn Gott gegenüber."[15]

---

[13] Vgl. Thomas Maissen, Konfessionelle Wurzeln des modernen Kapitalismus. Herbert Lüthys Relativierung von Max Webers These zu Kapitalismus und protestantischer Ethik, in: Schweizer Monatshefte. Für Politik Wirtschaft Kultur, 77/78 (1997/1998) Heft 12/1, 23-29.
[14] Zitiert nach: Michael Landmann, De homine. Der Mensch im Spiegel seines Gedankens, München 1962, 158.
[15] Ernst Troeltsch, Luther, der Protestantismus und die moderne Welt, in: Ders., Gesammelte Schriften, Bd. IV. Aufsätze zur Geistesgeschichte und Religionssoziologie, Tübingen 1925, 202-254, 220.

Hier liegen die Ursprünge dessen, was gegenwärtig als An- und Herausforderung an jeden einzelnen herantritt: zum Unternehmer seiner selbst zu werden. „Eigeninitiative und Selbstverantwortung, also das Unternehmerische in der Gesellschaft, müssen stärker entfaltet werden."[16] Diese Anforderung betrifft aber nicht nur selbstständige Unternehmer, sondern im gleichen Maße auch abhängig Beschäftigte. Das unternehmerische Selbst wird somit zu einem Paradigma der Arbeitswelt. Hellsichtige Analysen dazu formuliert der Berliner Philosoph Byung-Chul Han. Mit Bezug auf Michel Foucaults Theorie der Gouvernementalität[17] und der anschließenden Theorieentwicklung[18] analysiert er: „Die Gesellschaft des 21. Jahrhunderts ist nicht mehr die Disziplinargesellschaft, sondern eine Leistungsgesellschaft. Auch ihre Bewohner heißen nicht mehr ‚Gehorsamssubjekt', sondern Leistungssubjekt. Sie sind Unternehmer ihrer selbst."[19] Der so klassifizierte gesellschaftliche Wandel hat enorme Implikationen für die Inanspruchnahme des Subjekts wie für seine Selbstwahrnehmung. Denn mit der Anforderung, Unternehmer seiner selbst zu sein, verändert sich die Position des Einzelnen im Koordinatensystem der Freiheit radikal. „Heute wird man Heideggers Existentialontologie neu schreiben müssen, denn man glaubt nun, kein

---

[16] Kommission für Zukunftsfragen Bayern – Sachsen (Hg.), Erwerbstätigkeit und Arbeitslosigkeit in Deutschland. Entwicklung, Ursachen und Maßnahmen, Teil III: Maßnahmen zur Verbesserung der Beschäftigungslage, Bonn 1997, 36. (Zitiert nach: Ulrich Bröckling, Das unternehmerische Selbst. Soziologie einer Subjektivierungsform, Frankfurt a. M., 6 2016, 8).

[17] Vgl. Michel Foucault, Geschichte der Gouvernementalität I. Sicherheit, Territorium, Bevölkerung. Vorlesung am Collége de France 1977-1978, Frankfurt a. M. 2004, bzw. Ders., Geschichte der Gouvernementalität II. Die Geburt der Biopolitik, Vorlesung am Collége de France 1977-1978, Frankfurt a. M. 2004.

[18] Vgl. für einen Überblick zu Studies of Gouvernementality Thomas Lemke/Susanne Krasmann/Ulrich Bröckling, Gouvernementalität, Neoliberalismus, Selbsttechnologien. Eine Einleitung, in: Dies. (Hg.), Gouvernementalität der Gegenwart. Studien zur Ökonomisierung des Sozialen, Frankfurt a. M. 2000, 7-40.

[19] Byung-Chul Han, Müdigkeitsgesellschaft, Berlin 9 2014, 19; „An die Stelle von Verbot, Gebot oder Gesetz treten Projekt, Initiative und Motivation" (ebd., 20).

unterworfenes Subjekt, sondern ein sich entwerfendes, ja sich optimierendes Projekt zu sein."[20] Diese neue Freiheit entpuppt sich freilich bei genauerer Analyse als neue Unfreiheit: „Das Projekt, zu dem sich das Subjekt befreit, erweist sich heute selbst als Zwangsfigur. Es entfaltet Zwänge in Form von Leistung, Selbstoptimierung und Selbstausbeutung."[21] Das Individuum wird zum Intrapreneur.[22] An der Subjektivierung des Individuums ändert sich also nichts, nur wird das Opfer selbst zum Täter. Im Sinne der These vom unternehmerischen Selbst korrelieren Heteronomie und Autonomie, Gouvernementalität und Selbstgouvernementalität, Total Quality Management[23] und Selbstmanagement. Auch der eigentlich verheißungsvolle Slogan „Yes we can" hat seine Kehrseite, wenn aus der Option eine Obligation wird. „Das entgrenzte *Können* ist das Modalverb der Leistungsgesellschaft."[24] Diese Umkehrung der Vorzeichen vom Sollen zum Können, die Transformation des Gehorsams- zum Leistungssubjekt, folgt dabei einem ökonomischen Kalkül: „Das Können steigert das Produktionsniveau, das durch die Disziplinartechnik, den Imperativ des Sollens, erzielt worden ist."[25]

Die Perspektive der Ökonomisierung von Bildung ist also eine doppelte – zum einen unterliegen die pädagogischen Paradigmen einer ökonomischen Transformation, viel entscheidender unterliegen ihr aber auch die Menschen in ihrer Selbstwahrnehmung und ihrem Selbstausdruck.

4. Herausforderungen für die Erwachsenenbildung

Naheliegend ist die Herausforderung für die Erwachsenenbildung zu benennen, in ihren Veranstaltungsangeboten diese

---

[20] Ders., Im Schwarm. Ansichten des Digitalen, Berlin [2]2014, 61.
[21] Ebd., 65.
[22] Vgl. Ulrich Bröckling, Das unternehmerische Selbst. Soziologie einer Subjektivierungsform, Frankfurt a. M., [6]2016, 62ff.
[23] Vgl. ebd., 217ff.
[24] Han, Müdigkeitsgesellschaft, 20 (Hervorhebung im Original).
[25] Ebd., 21.

ökonomisch motivierten Transformationen transparent zu machen und Menschen resilienzfördernde Bildungsangebote zu machen. Dies ist sicher eine wichtige Einsicht. Dazu gehört auch die Anerkenntnis, dass es dabei nicht um pauschale Kapitalismuskritik oder eine antiökonomische Frontstellung der erwachsenenpädagogischen Praxis gehen kann. Natürlich bleibt Bildung auch ein legitimer Weg, um wirtschaftlich handlungsfähiger zu werden, und legitim bleiben auch Angebote beruflicher Qualifikation. Zumal gerade die öffentliche Weiterbildung auf ein sie tragendes wirtschaftliches Fundament, das sie nicht selber legt (maximal zu legen hilft), angewiesen ist.

Viel gravierender – und dies ist nun die angekündigte These dieses kleinen Beitrags – ist die Frage, wie eine am freien und selbstverantwortlichen Menschen orientierte und seiner Bildungsautonomie sich verpflichtet wissende Erwachsenenbildung reagiert, wenn zu Unternehmern ihrer selbst gewordene Menschen nur noch Angebote ökonomisierter Bildung anfragen? Denn die gesetzlichen Rahmenbedingungen und politischen Anforderungen an die öffentliche Weiterbildung, die auch weitestgehend dem Trend der Ökonomisierung von Bildung folgen, sind ja nur die eine Seite der Medaille. Kirchliche Erwachsenenbildung hat diesen Anforderungen bisher mehr eigene Programmatik entgegengesetzt als viele andere, politisch abhängigere Bildungsanbieter. Aber gerade dieses Wertefundament und ein an der menschlichen Autonomie orientierter Bildungsbegriff öffnen im Blick auf das unternehmerische Selbst eine doppelte Flanke: zum einen werden durch das eigene, profilbildende Programm weniger Menschen angesprochen, zum anderen werden an ökonomischer Bildung Interessierte die regionale kirchliche Erwachsenenbildung weniger als Bildungspartner in Anspruch nehmen. Hier spielt auch die stark gewachsene Zahl der kommerziellen Bildungsanbieter eine Rolle, die sich den Luxus eines eigenen Bildungsverständnisses nicht leisten müssen.

Auf diese Transformationen muss die kirchliche Erwachsenenbildung reagieren. Unter diesen Vorzeichen muss sich eine immer neue Reformation vollziehen.

Autorinnen und Autoren

Gerhard Feige, Jg. 1951, Dr. theol., Bischof von Magdeburg und Vorsitzender der Ökumenekommission der Deutschen Bischofskonferenz.

Günter Frank, Jg. 1956, Dr. theol., Direktor der Europäischen Melanchthon-Akademie Bretten, apl. Professor am Institut für Philosophie des Karlsruher Instituts für Technologie.

Stephan Leinweber, Jg. 1951, Dr. phil., Dipl.-Theol. und Dipl.-Päd., bis 2016 katholischer Leiter des Ökumenischen Bildungszentrums sanctclara in Mannheim.

Tobias Licht, Jg. 1962, Dipl.-Theol., Leiter des Karlsruher Foyers Kirche und Recht und Leiter des Bildungszentrums Karlsruhe (Bildungswerk der Erzdiözese Freiburg).

Stephan Mokry, Jg. 1978, Dr. theol., Kirchenhistoriker, 2015-2016 Leiter des zweijährigen Projekts „2017: Neu hinsehen! Ein katholischer Blick auf Luther" der Kath. Akademie des Bistums Magdeburg und der KEB Sachsen-Anhalt, Referent für theologische Erwachsenenbildung der Stiftung Bildungszentrum der Erzdiözese München und Freising.

Johanna Rahner, Jg. 1962, Dr. theol., Professorin für Dogmatik, Dogmengeschichte und Ökumene an der Kath.-Theol. Fakultät der Eberhard-Karls-Universität Tübingen und Direktorin des dortigen Instituts für Ökumenische und Interreligiöse Forschung.

Jörg Splett, Jg. 1936, Dr. theol., Dr. theol. h.c., Professor em. für Religionsphilosophie an der Phil.-Theol. Hochschule St. Georgen/Frankfurt a. M., zahlreiche Gastprofessuren (u. a. 2014 Klaus-Hemmerle-Professur Aachen), Vortragstätigkeit in der Erwachsenen-, Lehrer- und Priesterfortbildung.

Florian Wallot, Jg. 1979, Dipl.-Theol., Referent für theologische Erwachsenenbildung im Generalvikariat des Erzbistums Köln.